FIND YOUR WHY

あなたとチームを強くする シンプルな方法

サイモン・シネック

デイビッド・ミード
ピーター・ドッカー

島藤真澄 訳

JN231414

SIMON SINEK with DAVID MEAD
and PETER DOCKER

Translation by SHIMAFUJI MASUMI

Discover

FIND YOUR WHY

by Simon Sinek with David Mead and Peter Docker

まえがき

　私たちには、仕事をすることで充実感を得る権利があり、朝起きたときに前向きに仕事に向かいたくなる権利があり、職場で安心感を持つ権利があり、「自分以上の何か大きなものに対して貢献できた」と実感して帰宅する権利があります。充実感とは、運がいいから得られるのではありません。「私は仕事が大好きだ」というラッキーな少数の人たちのものでもありません。

　リーダーシップをとるべき立場の人は、部下が「何か大きなものの一部として仕事をしている」と感じられる環境を整える責任があります。朝会社に着いたときから帰るまでにやる気を感じることができなければ、あなたが理想のリーダーとして振舞うべきです。組織内の立場にかかわらず、私たちは誰でも、同僚、クライアント、または販売業者などと仕事をするとき、相手がどんな気持ちを抱くかという点で何かしら責任を負っています。最終的な目標は、周りにいる人たち全員に前向きで継続的な影響を与える行動をとることなのです。

　「WHY」というコンセプトは、苦しみから生まれる

深い個人的な旅ともいえます。仕事に対して全く情熱を持てなかったとき、私はこの考えを見いだしました。他人のアドバイスは役に立ちませんでした。

「あなたが大好きなことをしなさい」「喜びを感じるものを探しなさい」「情熱を持ちなさい」など、どれも間違ってはいませんが、実行できませんでした。どのアドバイスも理屈としては同感できるのですが、何を変えるべきかわからなかったのです。月曜からどんなことをどんな風に変えるべきか、見当もつきませんでした。

これこそが、私の人生においてWHYが重要な原動力となり続けている理由です。自分のWHYを見つけたことにより、新たな情熱を抱けただけでなく、よりよい判断をするためのフィルターも得ることができました。また、新しいレンズを得て、世界を異なる視点から見られるようになりました。

そしてこのレンズ──やる気になれることをするよう人びとを鼓舞することで、人びとが共に世界を変えるようになるもの──を通して、私はWHYとゴールデン・サークルというコンセプトを伝道し始めました。人びとは耳を傾けてくれました。さらに、耳を傾ける以上のことにもつながりました。このメッセージを伝道したり、ビジョンを共有したりする活動に加わってくれたのです。こうして私たちの活動は生まれました。

私が2009年におこなったTEDトークにより、この考えはさらに多くの人に広まり、初めての著書『Start with WHY』（邦題『WHYから始めよ!』日本経済新聞出版

社）でWHYをさらに深く掘り下げて伝えることができました。自分のWHYをわかっている個人や組織は、競合と比較して長期にわたって大きな成功を収め、前向きな考え方を持ち、イノベーティブな精神にあふれ、従業員と顧客への大きな信頼と忠誠心につながります。WHYとゴールデン・サークルのコンセプトは、私が描いた世界を実現させるためのパズルの大きなピースになりました。しかし、課題が残りました。

　WHYの存在とそのパワーを伝えたり、個人や各チームのWHYを見つける手助けをすることはできたのですが、「多くの人の人生に影響を与える」という観点からすると、実際はそれほど多くの人にアプローチすることはできませんでした。活動を始めた当初から、私のチームメンバーはプロセスをよりよいものにしてくれ、さらに、各自がWHYを見つけるためのオンライン講座もつくりました。しかし、それでもまだ十分ではありませんでした。

　そこで、この本が必要になったのです。『Start with WHY』がWHYを伝える本ならば、『Find your WHY』（本書）は実際にどう行動すべきかのステップを示す本です。『Start with WHY』で話したように、私はアイデアを持っていたのですが、それを活き活きとしたものとして大規模に展開する方法がわかりませんでした。

　ここで、共著者であるデイビッドとピーターを紹介しましょう。デイビッド・ミードとピーター・ドッカーが、このプロジェクトに参加した理由は、私が描い

た世界に感銘を受けてくれたからでした。2人とも、私のビジョンを実現させるために必要な、独自のスキルを持っていました。

　私自身でも、ある人のWHYを見つける手助けをすることはできますが、それには限界があります。デイビッドとピーターのおかげで、一度に大勢の人びとのWHYを見つけることができるようになったのです。

　デイビッドは、ものごとをうまく動かす方法を知っていました。何年も前、彼は私の話に感銘を受け、当時勤務していた会社の従業員の役に立ちたいと、ワークブックと研修プログラムを開発し始めました。デイビッドが成し遂げた内容を知ったとき、私の考え方の深い理解に対して、そして形あるものに変換できる能力に対して、非常に驚きました。

　ピーターは、イギリス空軍を退役し、その後は民間で何かに貢献したいと思っていました。そんなときに私の活動を知り、どれほど感銘を受けたか率直に語ってくれたのです。彼は自身のスキルと私のアイデアを組み合わせ、最大限の効果をもたらしました。出会ってすぐに、ピーターは善意からチームメンバーのメンターとなり、アドバイスをくれるようになったのです。彼のアイデアを活用した結果、私たちの活動を大きくし、法人化を成し遂げることができました。

　この2人の天才的な頭脳により、私の活動はさらによいものになったのです。だから、『Start with WHY』のフォローアップガイドとして本書を書く機会が訪れ

たとき、私はデイビッドとピーターに助けを求めました。この2人は、私のWHYに対するHOWに相当するのです。また、私たちの活動により、デイビッドとピーターの専門分野を実に多くの人たちと共有できたことを非常にうれしく思っています。

この本は、何年もかけて練り上げました。ピーターとデイビッドは、世界中を巡ってWHYのコンセプトについて話し、個人や組織と密にコミュニケーションをとり、このコンセプトを人びとが理解し、見つけ、活用するために手を貸してくれました。業界を根底から変え、信頼と協力が当たり前の企業風土をつくり、理想とする世界を築きたいのであれば、大きな助けが必要です。私のチームの活動によって前進はしているものの、それだけでは必要とされる変革を起こすことはできません。多くの人たちの協力が必要です。

実用的なガイドブックとしてこの本はつくられました。自分のWHYを探し出し、明確に表現するために必要なものがすべて揃った完全ガイドブックとなっています。十分な余白をもたせたので、ぜひ読み進めながら余白にメモをとってみてください。空白を埋めたり、ページの角を折ったり、蛍光マーカーで印をつけたり、どんどん使い込んでください。

『FIND YOUR WHY』はあなたの旅となるでしょう。この本には、とるべき行動のステップがすべて書いてありますが、本当に理解するためには行動と忍耐が必要です。この本はガイドブックであることを覚えてお

いてください。ステップに従い、コンセプトを学び、必ず調整して、このプロセスをあなたに合ったものにするのです。この本以外でうまくいきそうなことを見つけたら、ぜひ行動に移してもらいたい。

この本は、レースの最初に発射されるピストルです。「バン!」という音により、ワクワクした気持ちになり、エネルギーあふれる状態でスタートできるでしょう。ただ、レースを走りながら学ぶこと——あなたのWHYに基づいて生きること——こそが、あなたをインスパイアし、あなたの可能性を示してくれるはずです。そして、最も重要なことは、ただゴールラインを越えるだけでなく、どれだけ多くの人に「あなたとともに走りたい」と思ってもらえるかということです。

書店には「自己啓発」という一大コーナーがありますが「他者啓発」というコーナーはありません。私たちはこの「他者啓発」を切り拓こうとしているのです。

自分のWHYを学びたい人、自分の会社のWHYを示してほしいと思っている人、他者がWHYを見つけるための役に立ちたい人、朝起きて仕事に行きたいと思える、職場で安心感を得られる、仕事の充実感を得て帰宅できる、そんな世界にするために手を貸したい人……そんな人たちを私は歓迎したい。「私もやってみたい」と手を挙げる人が増えれば、私たちが描く世界を実現できる可能性は高くなります。読者のみなさんを、私たちは歓迎します。

サイモン・シネック

FIND YOUR WHY: Contents

もくじ

はじめに

INTRODUCTION

　ある日、マイアミからセントルイスへのフライトでのこと。私は非常に疲れていました。とにかく目的地に着きたい一心でした。どうか物理的にも会話でも私のスペースを侵害しない人が隣に座りますように、と飛行機の神様に祈る気持ちでいっぱい。ただただ1人になりたかったのです。ところが、私の隣に座った人は、まさに私が避けたかったタイプで、最悪のフライトになってしまいました。

　飛行機に乗り、4時間のフライトに向けて準備を整えていたとき、スティーブと名乗る男が隣に座り、自己紹介をしてきました。少し世間話をしたあと、どんな仕事をしているかをスティーブは語り始めました。フライト中に私を楽しませるための色めいた話やゴシップではなく、23年間、鉄を販売してきたという話でした。

　どうやら、スティーブが販売していた鉄は、ありきたりのものではないということがわかってきました。スウェーデンに本社を置く彼の会社は、特に純度の高

い鉄を生産していて、この鉄から作られた機械類は、その部品（たとえば車のトランスミッション）が軽くなるため、より効率的に動くということらしいのです。エンジニアでもあるスティーブは、市場にあるほかのものよりも自社製品のほうが優れていることを誇らしく語りました。

スティーブは話を一区切りさせると、期待した顔で私を見つめました。鉄についてもっと話せるようなフォローアップの質問を待ち望んでいるのは明らかです。ただ問題は、私がスティーブの仕事に興味がないということでした。それは、私がボーっとしていたり、無愛想だったり、ゴシップ話にしか興味がなかったりしたからではありません。

私が興味を引かれるのは、人が生計を立てるために「何を」しているかではなく、「なぜ」その仕事をしているか、という点なのです。スティーブに「その鉄のコストはいくらですか」「優良クライアントはどんな企業ですか」とは聞きませんでした。私は彼に向かってこう聞きました。「So What?（それで?）」

「ええと、それはですね」スティーブは質問の意味がわからずに口ごもってしまいました。そこで私は、別の聞き方をしました。「あなたが販売している鉄は純度が非常に高いということはわかりました。その鉄から生産される部品は軽くなり、機械の効率性が上がるともわかりました。でも、それがどうしたというのですか?」

　スティーブがまた短い間言いよどみ、そして勢いよく答えました。「それほど多くの材料を使う必要がないのです」。

　近づいてきたようです。私はもうひと押ししました。

　「では、それによって何が変わるのですか?」。一瞬、スティーブは崩れ落ちるかのように見えました。彼は、ただ雑談がしたかっただけでしょう。ところが、これから3時間、私の奇妙な質問にはまり込んでしまうのです。そうなっても我々は話し続け、私はスティーブ自身が答えを見つけられるよう手を貸しました。

　その結果、純度の高い鉄は純度の低い鉄と比較し、より少ない原料で作ることができるものの強度は変わらないことがわかりました。原料が少ないということは、製錬(鉱石から金属を取り出すプロセス)も少なくてよいので、鉄の生産過程で使われるエネルギーも少なくてすみ、環境汚染も軽減されるのです。その鉄を使って車などの機械類を生産する際、この利点が相乗効果を生みます。たとえば車の場合、軽量化すると燃料が少なくてすみ、大気汚染を減らすことができる。また、それだけでなく、高純度の鉄はほかの類よりもリサイクルしやすくなります。これは実におもしろい……と思ったのですが、スティーブがなぜこんなにも仕事に情熱を傾けているのか、という理由まではたどり着いてはいませんでした。

　「燃料の節約と汚染の緩和というのは素晴らしいことです」私は言いました。「ただ、23年間もこの仕事を続けてきたからには、この仕事にもっと何かがあるはずです」「情熱を持ち続けるにはもっと何かがあるはずで、心から信じていることがあるはずです」と私は彼にせっつきました。そしてそれは起きたのです。ついに初めて、スティーブの目が輝きました。続いて、彼の感情があふれてきました。

　スティーブは、自分の子どもとその後の世代のために、地球を健全に保ちたいと熱心に取り組んでおり、その1つの方法が、地球の資源をもっと節度をもって使用することでした。彼が鉄について話していたときはこの点にまったく触れませんでしたが、その情熱があるからこそ、飛行機で見知らぬ人にまで高純度の鉄に関するさまざまなことを話したいと思ったのでした。

　私は、彼のセールストークを言い直してよいか、許可をもらいました。「簡潔に言うと」私はスティーブになった気持ちになって話し始めました。「私は、人類のために天然資源を使うべきだと思っています。同時に、子どもたちに安全で健全な地球を残すため、節度をもって天然資源を使うべきだと考えています。

　これが私のエンジニアになった理由であり、この会社に入社した理由です。サステナビリティに力を入れる国スウェーデンに本社を置く当社は、エンジニアたちが、より軽量で、より効率的、より地球にやさしい製品を作る方法を開発してきました。そして、当社独自のサステナビリティの方法が軽量の鉄だったのです」。

　「ありがとうございます」とスティーブは笑顔で言ってくれました。「仕事が大好きな理由を、あなたが今まさに言葉にしてくれました」。

　「なぜ彼がこの仕事を愛しているか」を、私がシンプルに語ったことで、20年以上も情熱を注いでいたものの本質に彼は気づくことができました。「彼を鼓舞している何か」とは「なぜ彼が仕事をしているか」なのです。仕事と目的意識とが繋がることで、スティーブは、彼自身のWHYを発見したのです。

ビジョンは、
内に秘めているうちは
空想にすぎない。
大きい声に出して初めて
行動に移せるのだ。

Your vision is only actionable if you say it out loud.
If you keep it to yourself, it will remain a figment
of your imagination.

———

人は誰でもWHYを持っています。それは情熱や、インスピレーションの源となる奥深くに眠っている**存在意義**です。それが何かまだ見つかっていなかったり、どう言葉で表現してよいか分からなくとも、あなたにも必ずWHYがあります。自分のWHYを理解するのに、この本が大きな助けとなるでしょう。誰もがやる気いっぱいの状態で朝目覚め、一日の終わりに仕事の充実感で眠りにつく、そんな人生を送るべきです。

充実感は幸せとは別物です。人びとは仕事の上で、昇進や、新しいクライアントの獲得、プロジェクトの完了など、さまざまな幸せを感じます。しかし、そうした幸せは一時的なもので長続きはしません。12か月前に決めたゴールに励まされながら日々の生活を送る人はいないのです。印象は時間とともに薄れてしまいます。

充実感はもっと深いもので長続きします。幸せと充実感の違いは、何かを好きなことと、愛することの違いともいえます。たとえば、自分の子どものことを常に好きではいられないこともありますが、常に愛しているはずです。仕事で毎日幸せを見つけるわけではありませんが、何か大きな力の一部になっていると感じることができれば、毎日の仕事に充実感を覚えることは可能です。（これこそが、報酬や地位という一般的な基準では成功していても満たされないと感じる理由です。充実感は、私たちの仕事がWHYと直接繋がったときに生じるのです）

人は契約をまとめるようなときに幸せを感じますが、より大きな目的に貢献していることに充実感を覚えます。**幸せはWHATから生まれますが、充実感はWHYから生まれるのです。**

飛行機で出会ったスティーブは幸運な人でした。ピーターと会って話すまで自分のWHYが何かを表現できませんでしたが、何十年も自分のWHYを生きてきており、その結果エネルギーを与えられ、充実感を覚えていました。

しかし、もしスウェーデンの本社が買収され、スティーブが解雇されてしまったらどうでしょう。もし自分のWHYを知ることがないまま新しい仕事を見つけなければならなかったら、彼は、おそらく長年の経験がある鉄を販売する仕事を試みるかもしれません。しかし、新しい会社がサステナビリティに価値を見出していなかったら、飛行機で他人に話をするとき、彼の目的意識は熱意ともども消え失せていたはずです。さらに、パズルのピースを繋げることも、仕事への情熱がそもそも鉄とは関係ないという発見をすることもなかったでしょう。

仕事に対する不滅の情熱を感じたければ、自分以上の何かに貢献していると感じたければ、誰もがWHYを知る必要があります。これこそ、私たちがこの本を書いた理由です。

* * *

　この本には、私たちチームが25年以上おこなってきた「WHYの見つけ方」におけるすべてのメソッドが凝縮されています。

　起業家、個人、雇用される人、大きなビジネスを背負った小規模の会社やチームなど、さまざまな人びとのWHYを見つける手助けを私たちはしてきました。この本は、自分のWHYを見つけられるよう構成されています。

　最初の2章はWHYを見つけるための基本的な情報で、全員が読むべき部分。その後、あなたが個人でWHYを見つけるのか、もしくはチームやグループの組織でWHYを見つけるのかにより、第3章と第4章を読み分けてください。最後に第5、6、7章は全員が読むことを推奨します。付録には、疑問が生まれた際に役立つであろう、さらなる情報を載せました。

- 第1章は、WHYのコンセプトを広めたサイモン・シネックによる『Start with WHY』のポイントが凝縮されています。この章ではWHYを知ることの利点が説明されています。

- 第2章は、WHYを見つけるためのプロセスを紹介しています。これは個人もチームも読むべき重要な章となります。

- 第3章は、個人が自分自身のWHYを見つけるための段階的プロセス。チームや組織のWHYを見つける

ためにこの本を使用するなら必須ではありませんが、この章を理解し自分のWHYを学んでおくことは、グループでの発見プロセスの助けになるはずです。

・第4章では、チーム、組織など、ともに働く人びとの集まりである「ユニット」のためのWHYを見つける準備に必要なことを説明しています。

・第5章は第4章の続きで、WHYを見つけるプロセスにおいて、グループをどう導けばよいかを述べています。

・WHYは目的地であり、HOWはそこにたどり着くまでの経路を意味します。第6章は、WHYを現実のものにするための行動、HOWについて書かれています。

・第7章は、自分のWHYをどのように他者と共有するか、自分のWHYを生き始め、実行に移すにはどうすればよいかを説明した章です。

・付録は、私たちがワークショップを行うときに最もよくある質問への回答と、あなた（または別のファシリテーター）がワークショップをおこなうときのための「カンニングペーパー」です。

　自分のWHYを見つける際に最も予想しがたいことは、どのくらいの時間がかかるかということです。第3章から第5章には、個人と組織のためのプロセスの概

要が描かれ、私たちの経験に基づき、それぞれのステップにかかるおおよその予想時間が示されています。しかしこれらの数値はただの目安にすぎません。大切なのは、自信をもって次に進めると感じられるまで、各セクションやステップを繰り返すことです。

Chapter 1

WHYから始めよ!

Start with WHY

ゴールデン・サークル

いかにも簡単そうなプロジェクトが失敗したり、大惨事になることがあります。さらに問題は、自分あるいは競争相手が、ビジネスの常識的判断からすると失敗に終わると想定されていたのに、見事に成功をおさめる場合。これらの結果はミステリアスにも思えますが、WHYで始まるフレームワークからみれば、実は想定外ではありません。

前著『Start with WHY』で、私たちはゴールデン・サークルと呼ぶモデルを使い、スティーブ・ジョブズ、マーティン・ルーサー・キング・ジュニア、ライト兄弟などの伝説のリーダーたちが、他の賢く勤勉で、より資金があった人にできなかったことを、なぜ達成できたかを説明しました。

この章ではその最も重要なポイントを再確認します。ゴールデン・サークルを初めて目にする人にとっては、これから読むことが問題の本質であり、あなた自身のWHYを見つけることに欠かせない準備となります。

すべての組織と、すべての人のキャリアは、次のイラストに示した、3つのレベルで機能しています。何をするか（WHAT）、どのようにするか（HOW）、そして、なぜそれをするか（WHY）の3つです。WHATは、売っている製品、提供するサービス、おこなう仕事のこと。これは誰でも理解できます。それをどのように（HOW）おこなうかも、たいていの人は知っています。それは他と区別したり、群衆から自身を際立たせているためのものと感じるでしょう。

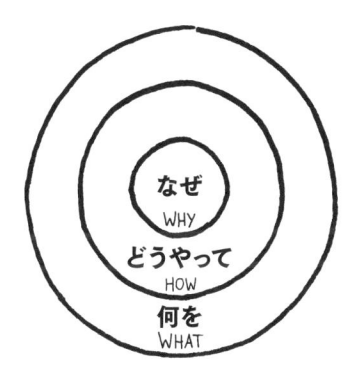

　しかし、なぜそれをやっているか（WHY）をはっきりと伝えられる人は、ごくわずかしかいません。

　「正直なところ、ほとんどの人はお金を稼ぐために働いているだろうに。それこそがもっともなWHYじゃないか」と言う人もいるでしょうが、お金は結果です。目的の一部ではありますが、そのために朝ベッドから出たいとわくわくする人は誰一人としていないでしょう。お金のためにベッドから起きると本気で思っている皮肉屋には、そのお金がほしい理由を聞きたいと思います。自由、旅行、自分にはなかったライフスタイルを子どもに与えるため、成績を維持し他人よりも頑張ったことを示すためかもしれません。

　しかし、私たちを駆り立てるものはお金ではありません。WHYはもっと深いところへ届き、何が私たちを動機づけ、感動させるのかを理解させてくれます。それはすべての組織と、すべての人のキャリアの動力となる**存在意義**です。なぜ会社は存在するのか。なぜ今朝ベッドから起きたのか。そしてそもそもなぜ、この

ことを気にかけるのか。

　新しい顧客やクライアントに会い、多くの人がまず話すことは自分が「何を」しているかです。そして、それを「どのように」おこなうか、または「どのように」他と違っているのかを説明しています。
　私たちは、契約を取ったり、相手の視点を揺るがしたり、説得して特定の行動をとらせるためにはこれで十分だと思いがちです。次のセールストークは、その決まった形式に従ったものです。

　「我々は紙を販売しています。可能な限りお手頃価格で最高品質の紙を提供します。他のどこよりも安いです。いかがですか?」

　これは非常に合理的な売り込みです。会社が何をするかをはっきりと述べ、特徴と利点から、他社よりも自分の会社の製品を選ぶよう潜在的バイヤーを説得しようと試みています。このアプローチがうまくいくこともあるかもしれませんが、よくて2つ3つ取引確保という結果でしょう。このトークは、買い手を他の会社と区別できておらず、買い手はより都合のよい取引を見つけたとたん去っていきます。ロイヤルティ（愛着や信頼）は特徴や利点に起きるのではありません。特徴や利点は、感動を与えない。ロイヤルティや長続きする関係性は、もっと深いところからくるのです。

　次はWHYを語ります。

「アイデアは共有されてこそ価値があるといえます。弊社は、アイデアを広めるための会社です。アイデアは広まれば広まるほど、世界に影響を及ぼす可能性は大きくなります。
アイデアを共有する方法は多くありますが、そのひとつは、書くことです。弊社は、その言葉を書き出すための紙を作っています。大きなアイデアのための紙です。いかがですか?」

まったく違う印象を受けたのではないでしょうか。WHYから語ることで、紙が非常に特別なものに聞こえます。もし日用品でこれが可能なら、本当に優れた製品で何ができるかを想像してみてください。実際このトークは、事実や数値、特徴や利点に基づいてはいません。それらは価値あるものではありますが、一番大きな価値ではありません。

WHYで導かれることで、より深く、感情的で、最終的により大きな価値が生まれます。2番目のトークは、もはや紙についての話ではありません。自分の会社というものが何か、何のために存在するのかが話されています。

もちろん、ただ一束の紙がほしいという人もいますが、顧客の個人的な信条や価値が、あなたの売り文句が表現することと一致していれば、(たとえば、顧客がアイデアを広めることに価値があると思っていれば)彼らが一度でなく、何度も繰り返しあなたと取引したいと思う可能性はぐんと高まるはずです。それどころか、他の会社がより安い価格を提示してきても、彼らはあなたとの取引を続けるでしょう。自分たちの信条

を反映してくれる会社とビジネスをおこなうことは、彼らにとっても意味があるのです。

1ドル節約することよりも、感動を与えてくれて、長期にわたり信用とロイヤルティを維持できる会社こそが、大きなものを成し遂げていると思わせてくれるのです。

これが、必ずしも手頃な値段ではないのに、他のブランドではなくアップル製品を購入する人びとがいる理由でもあります。

同意したくないかもしれませんが、人間とは完全に理性的な生き物ではないのです。完全に理性的であれば、恋におちたり、ビジネスを始める人はいません。圧倒されるような失敗の可能性に直面したとき、理性的な人はどちらのリスクも負いません。しかし、私たちは毎日のように危険を冒します。私たちがものや人物について抱く感情は、冷静な思考よりもずっとパワフルなのです。

感情には、1つ問題があります。言葉で表現することがとてつもなく難しいということです。そのため、「私たちの関係はまるで今にも崩れそうな橋に高速で向かっている列車のようだ」とか、「会社に着くと、遊び場にいる子どもにかえった気持ちになる」という比喩やアナロジーに訴える必要があるのです。

気持ちを伝えることは困難ですが、その報酬は大きいものです。顧客やクライアントと感情的に重なるとき、彼らとの繋がりは、どんな特徴や利点に基づいた提携関係よりもはるかに強く、意味があります。WHY

を語るのは、そのためなのです。

　そして、これが最も重要な部分。WHY全体のコンセプトは、人間の意思決定についての生物学の原則に基づいています。ゴールデン・サークルのはたらきは、人間の脳のはたらきと完全に一致するのです。

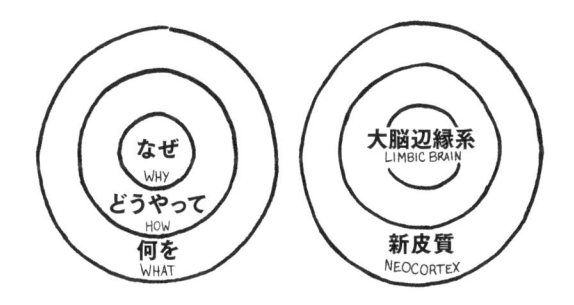

　ゴールデン・サークルの外側にあるWHATは、脳の外側部分の新皮質に対応します。これは、理論的で分析的思考を司る脳の部位で、事実や数値、特徴や利点の理解を助けます。新皮質はまた、言語を司る部位でもあります。

　ゴールデン・サークルの中央部分の2つ、WHYとHOWは、脳の中央部分である大脳辺縁系に対応しています。これは私たちの行動や決断のすべてをコントロールする脳の部位で、信頼や忠誠心といった感情もすべて司ります。しかし、新皮質と違い、大脳辺縁系には言語能力がなく「直感」がはたらく部位です。決断しなければならないものについて私たちが抱く、容易に説明できない感情と繋がります。

　この新皮質と辺縁系との隔たりが、感情を言葉にしたり、自分の行動を説明したり、決断を正当化するのが難しいと感じる生物学的な理由です（「言葉で表現できる以上に君のことを愛している」「魔が差した」「わからない…ただそれがいいと感じたんだ」など）。

　しかし私たちは、そういった感情に言葉を与える方法を学ぶことができます。それができる人は、自分自身、同僚たち、そして顧客の行動をより上手く促すことができるようになります。私たちは、あなたがその言葉を見つけられるようこの本を書きました。

　いったん自分のWHYを理解すれば、何に充実感を感じることができるかを、よりはっきりと表現でき、自分の行動を促すものをより理解することができます。それができれば、その後おこなうすべてのことを判断する基準ができ、ビジネス、キャリア、人生のためにより意識的な選択ができるようになります。他人に、あなたの商品を買いたい、あなたと仕事がしたい、あなたのやっていることに加わりたいと思わせることが可能となります。もう二度と、宝くじを引き、本当は理解できない理由のためにつくられた直感に基づいて決断しなくてよいのです。これからは、目的のために、目的をもって働くのです。さあ、WHYを語りましょう。

チャンスは、
自分に理想的な会社を
見つけることではなく、
相互にとって理想的な会社を
つくることである。

**The opportunity is not to discover
the perfect company for ourselves.
The opportunity is to build the perfect company
for each other.**

———

WHYの事例

さわやかなグレーのビジネススーツに身を包んだ人事部長が、エミリーを見上げ、「では、うちの会社に何を貢献してくれますか?」と、お決まりの質問を投げかけた。

カレッジを卒業する数か月前、エミリーは大手グローバル企業の役職に応募した。全額奨学金で大学に進学したストレートAの学生であった彼女は、難なく一次審査を通過して役員面談へと進み、人事部長と他3人の重役とテーブルごしに座っていた。彼らは、エミリーの応募書類から彼女が優秀であることはわかっていたが、経験がないことを懸念していた。より重要なことは、彼女が社風に合うか、プレッシャーのもとでどういった対応をするのかを重役たちは知りたがっていた。

グレーのスーツを着た男性が説明した。「この役職には、高い技術をもった大勢の人が応募しています。彼らにではなく、あなたにあるものは何かを教えてください」

誠実な学生であるエミリーは、会社について調べられることはすべて学んでインタビューに臨んでいた。しかし他の候補者たち全員も、同じ情報を持ち合わせていた。そこでエミリーは一歩先を行くことにした。彼女のWHYを解き放ったのだ。彼女は穏やかに人事部長に語り始めた。「御社に何を貢献できるかお伝えする前に、毎日私がベッド

から起き上がる理由をまずお話しさせてください。

私は、人びとがそれぞれの最高の自分になれる手助けができるよう努めています。それが私の原動力となるものです。御社のサイトを拝見し、これはまさに御社の皆さんが信じていらっしゃることであると感じました。それからは、御社での役職に応募することしか考えられませんでした」

これは彼らの興味を惹くに十分だった。
面接官は書類をめくる手をとめ、彼女の顔を見つめた。エミリーはすみやかに、自分のスキルや強みなど、典型的な自己PRへと移ったが、勝利はすでに決まっていた。30秒にも満たない最初のやりとりで、面接官たちは彼女を雇うべきだと感じたのだ。WHYを語ることで、エミリーは直接、意思決定する大脳辺縁系に訴えた。彼女は、自分に何ができるかだけでなく、自分が何者であるかを示すことで、一瞬のうちに真の繋がりを作り上げたのだ。面接官らは直感で彼女がほしいと認識した。

エミリーにとっても、これは比較的シンプルなことだった。彼女は、形式上の質問の数々に対する賢い回答を見つけるために時間を費やすのでなく、自分のWHYを気持ちよく伝えることに集中した。面接官に対面して、やらなければならなかったのは、何がその会社で働きたいと思わせたかについて「心から」(つまり、大脳辺縁系に)話すことだった。

> その後の面談は、詰問ではなくうち解けた会話で、彼女のすべての回答が面接官の直感を裏付けた。その後、家に帰りつくのを待たず彼女の携帯電話が鳴った。うちで働いてくれという人事部長からの電話だった。

ツールというのは、多くの目的のために使用できます。たとえばハンマーは、写真を吊るすために釘を打つためにも、あるいは家を一軒建てるためにも使えます。私たちのWHYにも同様にさまざまな用途があり、狭くも広くも使用できます。面接を楽に通過したり、チームを動機づけたりするためにも使えます。あるベンチャー企業に方向性を与えたり、組織全体を指揮するために起業家が使うことも可能です。マーケティング・キャンペーンのアイデアとして、または企業文化を変革させるためにも。1つのツールには、多数の用途があるのです。

WHYは、ジグソーパズルのピースの1つともいえます。自分のピースがどのようなものか知ることで、それが合うところと合わないところがずいぶん楽にわかるようになります。より迅速に、はるかに確実な意思決定ができるようになるのです。そして他者にもあなたのピースが見えることで、それが彼らのピースに合うかどうかを判断できます。もしピースが合う場合、想像が現実的な形となり始めるでしょう。実際の世界では、チームが共通のビジョンを前進させるために協力するというような光景です。もしくは、エミリーを雇った人びとのように、誰をチームに招くべきかがわ

かるようになります。

　キャリアやビジネスを形成するには2つの方法があります。1つは、何かに繋がると期待して追い求めたり、チャンスや顧客を探しながら人生を送ること。もう1つは、目的意識をもち、自分のピースが何かを知り、自分のWHYが何かを認識し、それに合った場所にまっすぐ進むことです。

パーフェクトマッチを見つける

会社のためのWHY発見のプロセスをおこなっていたテレビ局の上級管理者グループの、休憩時間のことだった。誰もがコーヒーに直行するなか、人事部長のスーザンは同僚のジムのところにきた。「彼を雇うべきじゃないと思うわ」と彼女は言った。

スーザンとジムは重要な役職に応募してきたある候補者を雇うべきかどうか、何週間も議論していた。彼らはさまざまな審査を実施し、最終候補者を1人に絞り込んだ。書類上では、その人物はとても優秀だった。すべての要素を持ち合わせていた。しかし、何かがしっくりこなかったのだ。

「以前は、何が問題かがわからなかったわ」とスーザンは述べた。「でも、今けはっきりとわかるの」ジムは答えた。「そう。彼と我々とでは、信じるものが違うようだ」

WHY発見プロセスのおかげで、スーザンとジムは同じひらめきを体験しました。候補者はすべての資格を持ちあわせていましたが、とてつもなく重要なものを持っていませんでした。会社のWHYを支持できなかったのです。

彼はこのポジションに前向きだったし、数か月間その役職を空けておくことは会社にとって完全なる打撃でした。しかし2人は軽食が置かれたテーブル横で、一時的な痛手にかかわらず、仕事ができるだけでなく、会社にぴったりな人物が見つかるまで、人材を探し続けることにその場で合意しました。

人を雇う際に経歴だけを参考にするのは簡単ですが、社風に合った人を雇うことは難しいことです。理由は明白。

私たちは通常、仕事があるため誰かを雇います。履歴書を見て、候補者にその仕事をおこなうための能力や経験があるかを判断します。事実が重視されるのです。しかし、良くも悪くも社風に合った人物を雇うということは、事実よりも、どう感じるかのほうが重要となります。責任感のないリーダーはその感覚、つまり直感を無視する一方、優れたリーダーはそれに耳を傾けるのです。

テレビ局の事例では、候補者の能力は十分ではありましたが、会社に合わないのではという直感は、スーザンたちを不安にさせるほど強いものでした。しかし、不適当だと感じる理由を明確に言語化できなかったことで、決断の根拠として直感を採用するのにためらい

ました。

　すべての事実が示す合図が「Go」なのに、直感が踏みとどまれというのです。自分の価値や信条にそぐわない決断をしようとしている証拠です。**会社のWHY**が言葉で表現されるや否や、企業文化は実体を持ち始め、正しい決断とは何かが、たちまち明確になります。

　ビジネスが純粋な科学であればよかったのですが、そうではないのです。ビジネスには、容易に計測できる側面（利益、収益、支出）がある一方、実際のところは、計測が困難な大きな側面があります（ビジョン、インスピレーション、信頼……そして社風に合う人を雇うこと）。

　計測できないものの価値を私たちが理解していないわけではありません。その価値が何であるかを、うまく説明できないだけなのです。ときに、「数字を上げよ」という内部や外部からの圧力が、長期的な健全性への配慮を飲み込んでしまい、無形価値は見捨てられがちになります。あるいは無形なものは、私たちが完全に理解したり、説明したり、育んだり、正確に測るものさしを知る能力がないがために、無視されてしまいます。無形なものを管理する適切なツールがあれば、私たちはおそらく、それらにもっと注意を払うはずなのです。

　在庫を管理してくれるツールはさまざまあります。では、応募者が企業文化に合っているかを判断するツールは何でしょう。

　利益は、収入から支出を差し引くことで簡単に算出

WHYはマクロレベルとミクロレベル双方で存在します。各会社、各部署やチームにそれぞれにWHYがあります。

適切な人びとが、適切な会社の適切な部署で働けることは好機となります。「ブランチWHY」と呼ばれるこのアイデアについて、第4章でもっと掘り下げていきます。

できますが、自社従業員の自由裁量の努力は、どうやって正確に測るのでしょう。

　顧客の購入履歴は一覧できるが、顧客が会社を信頼していることはどうやって知ることができるのでしょう。

　このような質問への回答が示されないまま、あまりにも多くの会社が「ぴったり」からではなくスキルから人を雇い、企業文化について話しながらもそれをどうやってつくり出すか知らず、従業員や顧客との深い繋がりを築けていません。

　WHYはぼんやりしたものをはっきりとさせ、抽象的なものに実体を与えるツールです。適切に使われることで、雇用のため、戦略立案のため、そして内側と外側のよりクリアなコミュニケーションのために役立てることができます。

　WHYはビジョンを設定する支援をし、その結果、人にインスピレーションを与えてくれます。WHYは、私たちが目的に向かうため、なおかつ目的をもって行動できるよう導いてもくれます。

　これに続く章では、どのようにして自分のWHYを見つけ、言葉で表現できるかを説明していきます。

WHYを見つけよ!

Discover Your WHY

それぞれの立場におけるWHY

仕事の世界は厳しい。目覚め、職場に行き、上司あるいは部下に対応し、お金を稼ぎ（できれば今年は去年よりも多く）、帰宅し、私生活をやりくりし、寝て、起きて、また繰り返す……。

やらなければならないことで毎日塞がってしまっています。それにもかかわらず、自分が行動している理由を理解することに、なぜ惹かれる（そして時間を無駄にする）のでしょうか。

その質問への答えは、シンプルです。起業家にせよ、従業員にせよ、リーダーにせよ、自分（および組織）の行動の理由であるWHYを見つけることで、仕事に情熱が吹き込まれます。ゴールデン・サークルは、長期的な、充実感をともなう成功を達成するためのツールになります。

- **起業家**は、WHYを発見することで、自社の何が唯一無二であるかを、従業員、クライアントや顧客に伝えられます。

アップル社は常に最高の製品だけを売っているわけではありません。もしあなたが「他とは違う考え Think Different」の持ち主ならば、たとえばDellに対しては持たない感情のレベルで、アップルに忠誠を誓っているでしょう。

また、自分のWHYを知ることで、適切な人を雇うことがもっと容易にもなります。起業家は皆、本当に信頼してくれるスタッフがほしいと言いますが、もし自分自身が何を彼らに信じてほしいのかをわか

っていなければ、そのようなスタッフをどうやって見つけることができるでしょうか。

　自分のWHYを知っていれば、自分が信じるものと同じものを信じる人物を雇うことができ、それはお金よりもはるかにパワフルな動機を与えます。自分のWHYを知ることは「ぴったり」な人物を雇う秘訣なのです。

- **会社勤務の個人**は、自分と会社にWHYを重ねることができます。「はじめに」で登場したセールスマンのスティーブのように、自分のWHYを知ることにより、情熱が再燃または呼び起こされ、会社のWHYに繋がっていきます。

　もしあなたと会社が別々の道を歩むことになっても、自分自身のWHYをはっきりと理解することで、次の職を選ぶ際に非常に役立つ貴重なツールとなります。それはもっとあなたに「ぴったり」で、成功に繋がり、充実感を感じる会社のはずです。

- **組織や部署のチームメンバー**には、おそらく独自のサブカルチャーがそのチーム内にあるはず。チームのWHY、つまりそのチームが会社に特別に貢献していることを言語化することは、非常にパワフルなものになります。それによりチームのメンバーは、会社が世界にもたらす違いにより深く、意味ある方法で繋がることができます。

- **組織全体のWHY**は次の2つのうちどちらかでしょう。1つ目は創業者のWHYで、会社誕生のストーリ

ーから引き出されるもの。もう1つは創業者がすでにいない場合。現在の企業文化の最善の要素からWHYを見いだすために、組織内の人びとでおこなうメソッドがあります。

ステップ1:ストーリーを集め共有する

それぞれの人には、WHYが1つだけあります。それは「どんな人になりたいか」というような理想ではありません。自分自身がそのままで最高な状態であることを示すものです。

もし、鉄のセールスマンのスティーブのように、自覚せずに自分のWHYを生きているなら、言葉にすることで、それはもっと強力なツールになります。もし自分のWHYを生きるためにあがいているなら、自分の存在意義を理解することで、新たな視点や新たな役割、あるいは新たな会社で方向転換し、軌道修正する助けとなります。それによって、これまで遠ざかっていた充実感を見いだすことができるでしょう。

核となるのは、WHYがはじまりの物語だということです。過去を振り返り、経験したことや影響を受けた人びと、自らの直面した浮き沈みなど、意味深い縦横の糸を引っ張り出すことで、パターンを見分けることができます。

個人のWHYは10代後半に形成されます。自分のWHYを発見するには、それを形づくる瞬間となった最も印象深い思い出を集め、よく目を凝らして、それらの繋がりを見いだす必要があります。組織にとっての

WHYも、会社がどのように始まったか、なぜその組織の一員として誇りを持てるかについての具体的なストーリーなど、過去から発見できます。

　どちらにしてもWHYを見つけることは、過去という川で砂金を選別するようなものです。砂金は川の土砂の中で見失われ、激しい水流に埋もれています。過去の大切な瞬間を選び出すことに時間をかけ、貴重なものひとつひとつを取り出して初めて、それらは宝になるのです。

　思い出は具体的であればあるほど好ましい。「私たち家族は毎年、夏の休暇にドライブに行った」では一般的すぎて使えません。「家族でいつも休暇にドライブに行った。ある年、砂漠で車が故障し、ニューメキシコ州アルバカーキまでヒッチハイクしなければならなかった。とても怖かったが、妹が怖がらないように自分が強くならなければと思い、楽しいゲームを作ったことを覚えている」。これくらい具体的にしましょう。

　詳細な状況やそのときの気持ち、会話や学んだことを再発見することが、自分が誰であるか、自分のWHYが何かを見つけるヒントになります。蘇らせて共有できるストーリーが多ければ多いほど、集まるデータは多くなり、利用するデータが多ければ多いほど、繰り返し生じるアイデアやテーマがより簡単に見え始めます。

　個人であれ集団であれ、人生に最も大きな変化をもたらしたストーリーのために、思い出を絞り出してほしいと思います。重要な思い出もあるでしょうが、多

くは重要ではないはずです。大切なのは思い出の質と、覚えている具体的な事柄や、他人に思い出を話すときに覚える強い感情です。

　客観的な立場でストーリーを繋げる金の糸を見つけることは非常に難しいので、個人でのプロセスか組織でのプロセスかにかかわらず、個人はパートナーと、組織はファシリテーターと協力することをおすすめします。

　「うーん、これはフロイトの精神分析ほど時間がかかるのだろうか」と思うかもしれません。でも安心してください、長椅子は不要です。具体的で印象的な思い出を少なくとも10個、見つけてください。すべてを書き出したら、そこから人生に最も大きな変化をもたらした5、6個を選び、できる限りの具体性とともに共有していくのです。

リーダーとは、先頭を行き、
他者が続くよう道を開く、
勇気ある人のことだ。

**Leaders are the ones who have the courage
to go first and open a path
for others to follow.**

―――――

ステップ2：テーマを決める

　パーティーで、自身の成長やビジネスでの経験を話せる人に出会い、とても楽しい時間を過ごせたと感じたことはありませんか。その夜の楽しみの1つは、あなたがストーリーを語ることで、聞き手が、あなたが何者であるか、あなたを驚かせるようなことを言ったりしたことではなかったでしょうか。

　ただの3人兄弟の真ん中というだけでなく、たとえば、あなたが兄弟を繋げる役割だったとわかったかもしれません。あるいは、あなたは多くの従業員の1人というわけではなく、「なぜみなさんはいつもそのやり方でやってるのでしょう」と全員を新たな方向に向け、新たな扉を開けた新入社員だったと気づくかもしれません。

　自分のWHYを見つけるために過去と再び繋がることも、同じように楽しいことです。ストーリーをピックアップして共有することで、今まで表現したことのなかった自分やチームについての本質的なテーマが立ち現れてきます。

　プロセスが進むにつれ、これらの塊のうち1つ2つが他よりも輝いているのがわかり始めます。より大きく、重要に感じるのです。とても眩く輝くため、それを指差して「これが私だ。これが私という人間だ」「これが我々だ。これが我々というチームだ」と言うでしょう。このテーマは次の"**WHYステートメント**"の根幹となります。

ステップ3：WHYを言語化し、磨きをかける

　輝かく塊を1つか2つ手にし、WHYの言語化にとりかかる準備ができました。それでは、続けて次のことを心がけてください。

- シンプルで明確であること
- 実行可能であること
- 他者にもたらす効果に焦点が置かれていること
- 自分に共鳴する肯定的言葉で表現されていること

　最終的に、あなたのWHYは下記の形式で表せるようになります。

＿＿＿＿＿＿＿＿＿することで、＿＿＿＿＿＿＿になる

　そう、このたった1文です。

　もちろん、シンプルであることは必ずしも簡単という意味ではありません。1文では、言葉を濁したり、脇にそれたり、謎めいた言葉でほのめかすことはできません。1文は絶対的最小公倍数。1文はより正直。もし自分のWHYを1文に収めることができれば、それを覚え、行動に移す可能性ははるかに高まります。

　後の章でさらに説明しますが、ここで少しだけ説明しましょう。最初の左の空欄は他者の人生にあなたがもたらす**「貢献」**を表します。2番目の右の空欄は、あなたの貢献による**「影響」**です。

では、WHYステートメントは、たとえば「昇進して子どもの大学進学に十分な資金を稼ぐため、すべてのプロジェクトを締め切り前に予算内で終わらせる」のようなものでよいでしょうか。これではだめです。

今現在それがどんなに切実であっても、あなたのWHYはもっと深いところにあります。それは永続的で、あなたの私生活と職業生活の両方に当てはまらなければなりません。あなたの友人があなたを愛する理由であり、仕事におけるあなたの価値です。仕事用のWHYと私的なWHYの区別はありません。どこにいても、あなたはあなたであるはずですから。

あなたの貢献は製品やサービスではありません。下す決断、おこなう仕事、売る製品など、あなたのすべてが、あなたが思い描く影響をもたらすためにそろえられているのです。

実際の人物のWHYステートメントを分析しながら、別の角度から見てみましょう。

サイモン・シネックは彼のWHYを次のように表しています。

「やる気になれることをするよう人びとを鼓舞することで、人びとが共に世界を変えるようになる」

サイモンが求める影響は、私たちの一人ひとりが、大きな意味でも小さな意味でも世界をよりよいものへと変えることです。素晴らしいWHYです。

しかしこの目標は、これだけでは大きくて抽象的す

ぎます。彼が望む影響に方向性を与えるのは、その変化を起こすために彼が月曜日の朝実際におこなうこと、つまり彼の貢献です。人びとを鼓舞するという貢献部分が、彼に必要な焦点を与えます。

　彼が書く本、話すトーク、実施するワークショップなど、彼が他者を促すために何をおこなうか、そのすべてに彼の目的が染み込んでいます。人々をより効果的に鼓舞できれば、彼の仕事に引き寄せられるすべての人が、世界をよりよいものへと変化させられるのです。

「＿＿＿＿＿＿＿するすことで、＿＿＿＿＿になる」

　この形式はすべての人に使えます。これは私たちの強い衝動を体系化する最もシンプルな方法です。WHYが個人のものであれ集団のものであれ、明確なWHYを念頭に仕事をするなら、宇宙のような大きなものの一部であることを実感しながら毎日を過ごすことができます。

* * *

　私たちの多くは鉄を売るスティーブに似ています。自分のWHYを生きていても、はっきりとした言葉で自分の貢献や影響を表現することに困難を感じています。個人と組織両方のWHYを見つけるプロセスは、そういう直感や、あなたをやる気にさせるものすべてを言葉にできるようデザインされています。このプロセ

スに必要なものは以下のとおりです。

・よきパートナーまたはファシリテーター

　ものごとの表面的な部分を超えて考えたり、コンフォートゾーン（慣れた範囲）の外に出たり、あなたの WHY の源である思い出や経験を見つけるよう奨励してくれる人物を選びましょう。

　天空から見下ろしてあなたのストーリーにテーマを見いだせるのは、高い確率で、あなたのパートナーかファシリテーターです。あなた自身ではありません。

・十分な時間

　どれくらいの時間があれば十分か、答えることは難しいものです。おおよそ、6分以上6時間以下でしょうか……。

　この後の章で、すべてに必要な情報を書き出していきます。現時点であなたにお願いしたいことは、プロセスを信じること。必ずうまくいきます。

Chapter 3

個人のための
WHYの見つけ方

WHY Discovery for Individuals

　この章は、自分自身のWHYを見つけたいと思うすべての人のためにあります。起業家であれ、会社勤めであれ、学生や親であれ、プロセスは同じです。チームやグループのWHYを見つけたければ、いったんここは読み飛ばして、次の章へ進んでください。

　多くのものごとのように、準備が完璧であれば、WHYを見つけるプロセスも効率的で効果的なものになりえます。次の図を見て、これから踏むことになるプロセスをざっくりイメージしてみてください。それでは、これら7つのステップを1つずつ説明していきます。

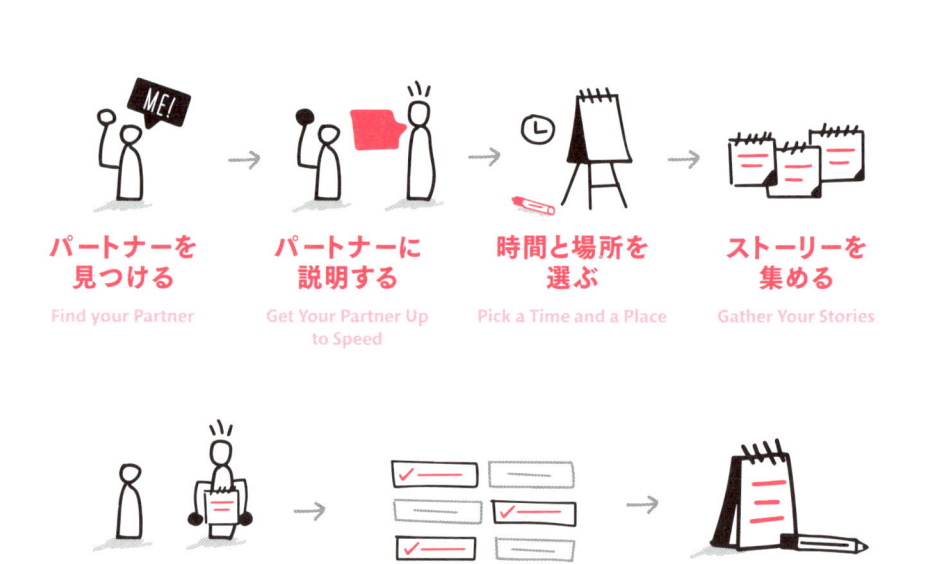

パートナーを見つける
Find your Partner

パートナーに説明する
Get Your Partner Up to Speed

時間と場所を選ぶ
Pick a Time and a Place

ストーリーを集める
Gather Your Stories

ストーリーを共有する
Share Your Stories

テーマを見極める
Identify Your themes

WHYステートメントを下書きする
Draft Your WHY

パートナーを見つける

　覚えておいてほしいのは、WHYを見つけるために
は、重要なテーマの基となる人生やキャリアのストー
リーを思い出しながら、過去という大河から砂金を選
別しなければならないということです。自分の記憶か
らそれらのストーリーを引き出せるのはあなただけで
すが、その解釈に関しては、パートナーという第2の
目がとても重要になってきます。あなたのストーリー
を聞いたパートナーは、あなた自身では見ることので
きない視点を提供してくれます。

　適切なパートナー選びがこのプロセスにおいて重要
です。ただし、資格を持った心理学者やコーチを見つ
ける必要はありません。あなたのWHY探しを本気で
手助けしたいという人物でよいのです。（55ページの
「パートナー・セクション」でより詳しく述べます）。

　パートナーの役割は、あなたが物語を共有する際に
メモを取ることと、あなたがその中により深く重要な
ものを見いだせるような質問をすることです。パート
ナーは、あなたのWHYの基となる、繰り返されるテー
マやアイデアという金の糸を見つける手助けをする
ことになります。

　パートナーのことをよく知っている必要はありませ
んが、個人的な情報や感情を気兼ねなく分かち合える
人物がよいでしょう。あなたのことを知りすぎている
人物はおすすめしません。私たちの経験から、配偶者、
近い親戚、親友は客観的になりづらい傾向にあります。
彼ら独自の解釈による、あなたのストーリーを話した

がったり、あなたが話すストーリーを修正したがる人物は避けましょう。最高のパートナーは、あなたのストーリーを初めて聞く人物です。

そしてあなたがストーリーを呼び戻しているときに、耳を傾けメモをとってくれる人物。あなたのWHY探しを本気で手助けしたい人物であるべきと念押ししておきます。

パートナーに説明する

最高のパートナーは生まれつき好奇心が強く、話を聞き、フォローアップ質問をすることに長けています。あなたのことをもっと知ろうとしている人はほぼ確実に、あなたのことをすべて知っていると思っている人に比べて、より細かい、予想外の、思慮深い質問をしてくれるでしょう。

* * *

パートナー・セクション

　友人の原動力となる存在意義としてのWHYを見つけるために、あなたが手助けをすると承諾してくれたことに感謝します。私たちにとって、誰かの自分のWHYを見つける手助けをすることは、仕事において最も感動させられることです。私たちは誰かとパートナーシップを組み、その人が最終的に自分のWHYをはっきりと言葉にする瞬間の顔の輝きを目にできる機会を何よりも大切にしています。何百というケースに携わってきましたが、毎回感動を覚えます。今回、あなたもそんなパートナーになるでしょう。ぜひ楽しみながら、友人への贈り物を堪能してください。

　あなたが友人との作業を終えるときの目標は、その人のWHYステートメントができ上がることです。これは彼らが仕事やキャリアにできる限りの喜びや充実感を見つけられるよう、あらゆる決断のフィルターとなります。

　このセクションは、あなたが友達を支えるうえで必要なアドバイスやツールを提供するためにあります。心配はご無用です。優秀なパートナーになるために、セラピストやコーチである必要はありません。必要なのは、友人のWHYを見つける手助けをしたいという想いだけです。私たちはプロセスをとおし、段階ごとにあなたをご案内します。WHYを見つけるプロセスの間にこの章を見返さなくてすむよう、この本の241ページ、付録2にも、すべてのアドバイスや質問をまとめてあります。

　WHYの核となるのはその人のはじまりの物語です。私たちが誰であ

るかは、私たちが成長の過程で経験したすべてのもの、学んだこと、そしておこなったことのまとめです。あなたの友人のWHYを見つける手助けをするためには、その人の過去のストーリーを聞く必要があります。そのWHYは、最高の状態にある彼（彼女）自身であり、人生に影響してその人を形づくっている特定の思い出や経験をとおして表現されます。

パートナーの役割

パートナーの主な役割は、ストーリーを聞き、相手がそれぞれの記憶の根底にある深い意味まで掘り下げられるよう、思慮深い質問をすることです。聞いているとき、話の中で繰り返されるテーマ、アイデア、言葉または表現を見つけ、メモをとってください。これらのテーマは、相手が自然に最高の状態にあるとき、その人という人物を定義する金の糸を編み上げます。

このプロセスの間、ご自身の先入観は必ず捨ててください。常に客観的であるために、相手について知っていることや、知っているつもりであることも忘れましょう。最も大切なことは、完全にそこにいること、つまり、気を散らせるものを避け、目の前の作業に完全に集中するということです。

WHYを見つけるプロセスは、セラピーでもメンタリングでもありません。あなたが自分の意見やアドバイスを提供したり、問題を解決したりするための時間ではないということです。あなたの仕事は、アクティブ・リスナー（能動的な聞き手）になることです。

アクティブ・リスナーになる方法

　アクティブ・リスニングとは、話されている言葉以上のものを聞きとること。それは言葉の裏にある意味、動機や感情を理解することです。

　アクティブ・リスニングのテクニックには、単純なものもあります。アイコンタクトをする、相手の発言を受け取ったことを言語的、非言語的に知らせる（たとえば理解したときに「続けてください」と肯定したり、頭を動かしてうなづくなど）、できごとについてもっと話したり、それについてどう感じるかを表現するよう促す、非言語的なヒントに特に注意するなどです。表情、ボディーランゲージ、長い沈黙などすべては、そのストーリーが話し手をどのような気持ちにさせているかを知るカギとなります。

　あなたが聞くストーリーは、相手の人生の中で最も重要なもので、強い感情を呼び起こすかもしれません。誇り、愛、達成感、恐れ、帰属感、孤独感。これらだけでなく他の感情も、さまざまな方法で表れるでしょう。中には、もっと手を使ったり、イスの前方に座ったり、声を大きくしたりなどと、活き活きしだす人もいれば、言葉につまったり、もの柔らかになったり、思慮深くなる人もいます。話されるすべてのことをメモすることは不可能です。しかし、視覚的、感情的なヒントが見えるときに彼らが話していることは記録してほしいと思います。これらは後で、共通の糸を見つけようとする際に重要になるかもしれないのです。

どうやって掘り下げるか

　多くの人は、何が起こったか、いつ起こったか、誰がいたかなどの単純な事実でストーリーを始めます。これはストーリーを語るときに

私たちが自然におこなうことです。これらの情報は、これから共有されるものにコンテキスト（文脈）を与える大切なものですが、WHYに導いてはくれません。なぜなら、WHYは感情に繋がっているから。感情を共有することは、プロセスにおいて非常に大切な部分となります。目標は、話し手がそのときに抱いた感情や喜怒哀楽を表現する手助けをすることです。

　一般的なことを話すとき、感情を繋げるのはとても難しいことです。相手が共有するストーリーが非常に具体的であることは絶対条件です。たとえば最初に、「私は毎年夏の学校休暇の間、祖父母を訪れたものでした。とても楽しかった」と話すかもしれません。パートナーとして、ここから大した情報は得られないでしょう。話し手は、特定の夏、特定のできごとや人との触れ合いと繋がる必要があります。ストーリーで出された最初のパスに感情が含まれていなければ、「祖父母と過ごしたすべての夏の中で、最も印象に残っているひと夏について教えてください」などと尋ねることで掘り下げてみてください。

　目標は、話し手が実際に具体的な事柄を話し始めることで、それはたとえば次のようなものです。「13歳の夏を覚えています。ちょうど誕生日を迎え、社会的にはティーンエイジャーになりました。すごく大人になった感じがして、大人がやることをやりたいと思いました。祖父と庭で働いていたことを覚えています。芝刈り機を使わせてくれて、重要なことを任せられていると感じました。このことは私に自信を与えてくれました」。同じストーリーでもこんな風であれば、もっと探るものが出てくるはずです。

パートナーへのアドバイス

相手が一般論を話し始めたり、詳細を尋ねても一般的な答えを返してくるとき、いい人であろうとして、そのままにしないでください。そうしてしまうと、相手がWHYを見つけたり、テーマをストーリーに結びつけたりという非常に大切なことがさらに難しくなります。WHYは

自分が目指す人物でなく、本当の自分が誰であるかを表します。ストーリーは、話し手の真実の姿を、形をもって証明するものなのです。

　相手が、その経験がどのような感情をもたらしたかを初めから話しても、それをそのまま受け止めないでください。もっと具体性を得られるような質問をしましょう。たいてい、表現される感情は、今日の彼らが本当は誰であるかを表す重要な学びや特別な関係を示します。感情が、たとえば煙であれば、そこに潜む本質は火です。煙がある場所には、火があるのです。

　この特定のストーリーが重要な理由がはっきりするまでフォローアップ質問をすることがあなたの仕事となります。使えるかもしれない質問をいくつか挙げておきます（241ページの付録2に、すべてのアドバイスと質問がまとめられています）。

- 「それであなた自身はどのように感じましたか?」

- 「この経験でとても気に入っていることは何ですか?」

- 「おそらく以前も同じ気持ちになったことがあると思いますが、このストーリーが特別な理由は何ですか?」
  （もし「誇りを感じた」という返答であれば、その誇りが別の場面で感じた誇りとどう違うかを尋ねてみましょう）

- 「この経験は当時のあなたと、現在のあなたという人物に、どのような影響を与えましたか?」

- 「その経験で、今日まで教訓となっていることは何ですか?」

- 「私と共有できたはずの物語のうち、このストーリーが特別で、話すことを選んだ理由は何だったのでしょうか?」

- (もしストーリーで他の誰かが目立って登場している場合)
  「その人物があなたの人生にどのような変化をもたらしましたか? またはその人物の好きなところや尊敬するところは何ですか?」

相手が、何が起こったかよりも、そのできごとについてどう感じたかを話し始めれば、先が見えてきます。それは、「その一員となることで、本当に気持ちがいっぱいになりました」とか、「両親の期待を裏切ったと知り、落胆しました」といったものかもしれません。このような証言があったときが、掘り下げ始める合図となります。

たとえば「気持ちがいっぱいになった」とか「落胆した」とはどういう意味でしょう。あなたはわかったつもりかもしれませんが、話し手が意味していることは違う可能性があります。なので、次のような質問で詳細を引き出してみましょう。

- 「『本当に気持ちがいっぱいになった』とはどういう意味ですか?」

- 「以前にも落胆したことがあったと思います。何年も後になっても蘇ってくるほど、このときの落胆がどう違っていたかを説明してください」

耳にするのは特に温かみがあり幸せなストーリーばかりではないでしょう。それが普通です。ポジティブとネガティブ両方の経験から、その人物について学ぶことは沢山あります。パートナーとしてのあなたの仕事は、それらの困難な瞬間から教訓や、希望さえを「見つけ出す」手助けをすることです。

　以下は、私たちがある人物とWHYを見つける対話をしたときの話です。彼女は子ども時代の幸せな経験について尋ねられると、子ども時代は恐ろしいものだったと答え、ひどい身体的虐待を与えた父親についての話を語り始めました。しかし、すべてのストーリーで私たちが耳にしたのは、彼女が父親から妹をどのように守ったかということでした。彼女はそのパターンの存在にまったく気がついていませんでした。

　そのように暗い経験の中でかすかに光る確かな希望を指摘されたとたん、彼女は泣きだしたのです。現在の彼女には、自分を守ることができない人々を守る、というWHYがあります。幸せな記憶と悲しい記憶、チャンスと困難の話、すべてがその人物が誰であるかと、今のその人物になった経路を表します。すべての道はWHYに繋がるのです。

　話し手が感じたことをより深く捉えることができれば、WHYステートメントはより簡単につくれます。

　各ストーリーでつかみたい反復されるテーマに加え、もう2つ、見つけるべき主要な要素があります。

　それは、貢献と影響です。話し手が他者の人生にもたらす貢献と、時間の経過とともにその貢献が及ぼす影響は、最終的なWHYステートメントの基本的要素となります。このような形式で書き出しましょう。

　　　　　　　　　　　　　　することで、　　　　　　　　　　になる

　貢献が最初の空欄で、影響が次の空欄に入ります。たとえば、本書の半著者サイモン・シネックは、彼のWHYを次の言葉で表現しています。

**「やる気になれることをするよう人びとを鼓舞することで、人びと
が共に世界を変えるようになる」**

サイモンの貢献は、彼が他者のために進んでおこなうこと（人びと
を鼓舞する）で、その影響は、その貢献が達成されたときに起こりま
す（人びとが共に世界を変えるようになる）。

これを念頭に、話し手が各ストーリーで他者に与えているものや受
け取るもの（貢献）、そしてそれが彼自身や他者にもたらした変化（影
響）を見つけるため、最善の努力をしていただきたく思います。彼の
WHYの貢献と影響を理解するためのパターンが見えてくるはずです。
これらのテーマに触れるときはほとんど常に、言語的であれ、非言語
的であれ、感情的な合図があります。

よい質問をするためのアドバイス

・決まった回答のない質問をする

　最上の質問は「はい」や「いいえ」で答えられない質問です。話し手は、より詳細な情報を伝えることになります。私たちはワークショップでよく参加者が、「それは腹立たしかったでしょうね」などという質問をするのを耳にします。この質問は、3つの理由で役に立ちません。

　「はい」か「いいえ」で回答できること。話し手がどう回答するか想定していること。そして、証言を誘導しているという3つの理由です。

　制約のない回答を促されれば、話し手はあなたの助けがなくては、異なる答え方をしてしまうと訴えるかもしれません。しかし、このプロセスは、「あなた個人が想像する誰か」ではなく、「話し手が誰であるか」の核心に迫るためのものであることを忘れないでください。証言を誘導するかわりに、「どのような気持ちになったか教えてください」などと尋ねてみましょう。

・「なぜ」の質問を避ける

　皮肉なことに、その質問に答えることは難しいのです。たとえば「なぜ、そのストーリーがあなたにとって大切なのですか?」と聞くのは、脳の、言語を司っていない部分を刺激します。

　むしろ、「何」を尋ねる質問の方が簡単です。たとえば「そのストーリーの中であなたにとって大切な部分は何ですか?」のように。これは根本的には同じ質問ですが、より回答しやすい尋ね方になります。話し手に、ストーリーの中の意味ある部分に集中して回答させることで、「なぜ」という質問への回答も提供されます。両方試してみてください。実際にどういう意味かがわかるはずです。

- **黙って座る**

　質問をした後、相手が回答に困っていると感じた場合、何もしないこと。沈黙を埋める手助けをしたいと思うかもしれませんが、ぐっとこらえましょう。別の質問や回答を提案することで沈黙を埋めたいという誘惑に負けてはいけません。そうでなく、ただ待ちましょう。感情は表現するのが難しく、適切な言葉を組み合わせるのには時間がかかるものです。ときに、沈黙はさらなる情報を引き出すための最高のツールとなります。我慢しましょう。

メモのとり方
（追記：これが最後のセクションです。あと少し!）

　驚くべきことに、相手のストーリーを繋げる助けをするとき、あなたがとるメモは非常に役立ちます。もちろんあなたの好きなやり方でメモをとっても構いませんが、私たちはこれから説明する形式が特に役立つと自信を持っています。

　まずノートの真ん中の一番上から一番下まで縦線を引きます。線の左側には、ストーリーの事実に関する詳細を書き出します（例：○○大学卒業など）。

　線の右側では、感情、喜怒哀楽、ストーリーの意味解釈に焦点を当てます（例：祖父に誇りを感じさせた、など）。右側には、2度以上表れるすべての言葉、表現、言語的・非言語的ヒントも書きとめましょう。

　メモをこのように分けることで、WHYを見つけるプロセスに最も重要な要素を

見極めることがより簡単になります（ヒント：これらの重要項目は右側の欄に記入すること）。

　複数のストーリーをメモするにつれ、どのテーマ、言葉、表現やアイデアが最も繰り返されるかに気づき始めるでしょう。そのような言葉や言い回しに下線を引いたり、丸をつけたり、ハイライトしたり、すぐ横にチェックマークをつけたりします。こうすることで、後ほどWHYに繋がるテーマをすぐに見極めることができます。

　また、各ストーリーで、右側の欄に**「貢献」**または**「影響」**と書き込み、話し手が何を与えたり受け取ったりしたか、そしてそれが話し手自身や他者に何の効果をもたらしたかが明確になるまで次に移らないようにしましょう。

　あなたが最高のパートナーになるための役に立てばと思い、多くの情報を書いてきました。これはあなたの友人にとって非常に重要なことで、相手はあなたを選んだということを忘れないでください。それは栄誉なことです。

　一番重要なことは、真剣な興味と、一緒に作業をおこなうその人をサポートしたいという気持ちです。もしかすると、プロセスが終わったとき、あなたも自分のWHYを見つけたいと思うかもしれません。

＊＊＊

時間と場所を選ぶ

あなたとパートナーとの中間辺りにあるスターバックスがどうだろうって？　断じて「ノー」です。親密な会話をするのですから、大好きなスモークバタースコッチ・フラペチーノがあるとしても、騒音や注意を散らすものはものごとを難しくします。

それにあなたは、多くの個人的な情報をさらけだすのです。モニターに向かって仕事をしているふりをしている人が盗み聞きできる場所を、わざわざ選ぶ必要はありません。集中でき、個人的なストーリーを声に出して自由に共有できる場所を選んでください。

パートナーと電話やビデオ会議をするという手もありますが、実際に会うことを強くおすすめします。それにより、パートナーは同じ部屋にいるからこそ見えるあなたの表情やボディーランゲージ、他の視覚的ヒントを感じ取りやすくなります。

もし会うことができなければ、静かで、気を散らすもののない場所を選び、パートナーにもそうしてもらうよう促してください。

そして、十分な時間を確保しましょう。少なくとも3時間。そう、とても大きな時間の投資ですが、WHYを見つける近道はありません。筋トレと思ってください。費やす時間が多ければ多いほど、得られる効果は大きくなるのです。

第2章でお伝えしたように、WHYを見つけるまでに

は3つのステップがあります。「ストーリーを集め共有する」「テーマを決める」「WHYを言語化し、磨きをかける」です。この3つのステップは、一度に完了することでもっとも効果が得られます。

　たとえば、2つか3つのストーリーで中断し、数日後に再開すれば、また初めから物語りモードにならなくてはいけません。はっきりいって、3つのステップを中断なく（もちろん数回の休憩やストレッチをしたりする以外）実施することを強くおすすめします。

　ストーリーを話した直後にテーマを認識するほうが、後から作業に戻ろうとするよりもはるかに楽になります。同様に、WHYの言語化も、ストーリーで繰り返されるテーマやパターンが頭の中で鮮明なときのほうがやりやすいものです。

　携帯電話の電源を切り、気を散らすものを取り除き、プロセスを楽しんでください。

ストーリーを集める

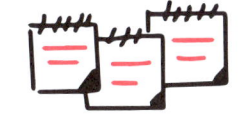

　パートナーと会う前に、少々準備が必要となります。あなたのWHYはあなたの過去の経験から生まれます。それは成長する過程で学んだ教訓、経験したこと、身に着けた価値です。自然と最高の状態にある自分にスポットライトを当てるストーリーを探すのです。

　求めているストーリーを思い出したら、それぞれについてメモをとり、パートナーと会ったときに素早く思い出せるようにしましょう。WHYへ導いてくれる種類のストーリーについて指標をいくつか挙げておきます。

- 現在のあなたを形づくった、あなたの人生における特定の経験や人びとを考えましょう。

　会社を興すアイデアをひらめいた日のような明らかに重要な経験、もしくは過去の上司との決定的な瞬間など、あるいはそれほど重要ではないできごとを選ぶかもしれません。もしできごとがあなたにとって意味があり、今のあなたになるのを助け、何かを教え、誇りを持たせてくれた場合は、書き出しておきましょう。

　人生で最も影響を与えられた人びとについて考えるとき、あなたに変化をもたらした人びととの、具体的な言葉や行動を思い出すようにしましょう。

- あなたのWHYは、あなたが生まれた瞬間から昨日までの過去からくるため、その間のストーリーは何でも引き出すことができます。

　思い出は学校、家、仕事、あるいは人生の他の領域からのものでしょう。振り返って嬉しくなる瞬間やできごとを思い出すかもしれません。もしくは、二度と思い出したくない痛々しいエピソードが蘇ってくるかもしれないでしょう。両方の種類の経験に共通しているものは、よくも悪くも、あなたという人物を形づくっているということです。

苦闘とは、
将来の成功に向かうための、
小さな一歩だ。

**Our struggles are the short-term steps
we must take on our way to long-term success.**

———

　ストーリーが頭に思い浮かぶたびに、書き出しておきましょう。これを始めるにあたり、すべての道は最終的にWHYに繋がっていることを覚えておいてほしいと思います。だから、このプロセスを必要以上に考えすぎる必要はありません。書き出す順番は、起こった順でもランダムでも構いません。すべての詳細を書こうとする必要はないのです。それぞれに1、2行で十分。目標はただ単に、パートナーとストーリーを共有するための出発点をつくること。

　パートナーにストーリーを話すとき、すべての特徴的な部分を含めながら、さらに頭に浮かんでくる思い出を探るのもよいでしょう。

　私たちが役立つと思うストーリー集めの方法を2つ紹介します。1つだけ、または両方使っても、はたまたどちらも使わなくても構いません。

方法1：山と谷

　紙の中央に横線を引きましょう。線の上側は、喜んでもう一度体験したい、幸せな思い出。線の下側は、あなたの人生に影響し、今日のあなたをつくったできごとを入れます。

　図を埋めていきながら、各ストーリーを要約する言葉を一言で書いていきます。ストーリーは線より上にあればあるほど、より充実感をもたらすポジティブなものになります。そして線より下にあればあるほど、より困難または厄介なものです。ストーリーはおそらく、さまざまな高さに配置されるでしょう。

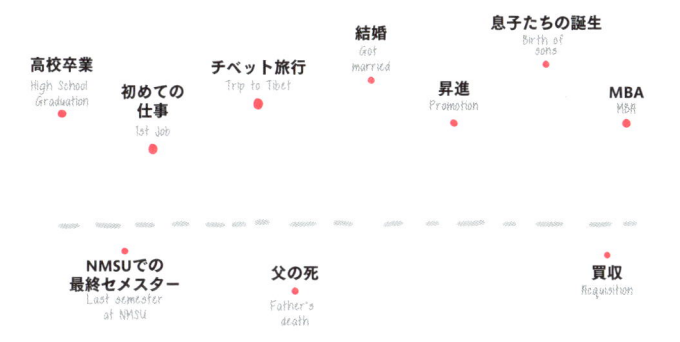

　パートナーに話すストーリーを選ぶとき、一番高い
ものと、一番低いものを選びましょう。それらは強い
感情を伴うため、あなたのWHYへと明確に導いてく
れます。

　しかし、実際には、パートナーといるときに自然に
思いついた他のストーリーを共有することにもなるか
もしれないでしょう。それでも構いません。この実践
は、プロセスを開始するための単なるスタート地点に
すぎないからです。

方法2：即席記憶

　膨大な量のストーリーから選ぶのが困難であれば、
以下の方法が効果的かもしれません。次の各文を読ん
で、どの思い出が輝いているかに注目してみましょう。
パートナーに話すときに思い出せるよう、紙に書き留
めておきましょう。

- 誰が、今日のあなたをつくり上げる手助けをしたでしょうか（コーチ、メンター、教師、家族など）。

  彼らが接しているのがあなたであれ他の人であれ、その人の最も尊敬できる部分が表れた場面について書き出しましょう。その人の言葉を聞いたり行動を見て、あなたはどのような感情を抱いたのか。他に誰がいるか。好きなだけこれを繰り返しましょう。

- 仕事のことで、「自分なら報酬なしでもやったはず」と感じた場面を考えてみましょう。その日のどんなできごとがあなたにそう思わせたのでしょうか？

- 仕事での最悪の日のこと。もう二度と経験したくないというような日のことです。何が起こりましたか？

- 最も幼い頃の、はっきりとした、幸せな思い出は何が脳裏に浮かぶでしょうか？

- 学校で、もっとも愛おしく思う経験は何でしょうか？

- あなたの人生が、過去とはまったく違うものになってしまったと自覚した、極めて重要な危機は何でしょうか？

- 世界の見方や自分の役割についての考えが、変わるきっかけとなったできごとは何でしょうか？

- 自分を無にして他人を助けた後、信じられないくらい舞い上がるような、何か重要なことをした気分に

なった経験はあるでしょうか?

・心から誇りに思う、あなたが達成したことは何ですか? (関わった人をメモしましょう。たとえば、あなたを助けた人、励ました人、ゴールであなたを待ってくれていた人など)。

　以上のストーリーの図やリストが完成すれば、パートナーと共有する準備の完了です。ただし、パートナーと会う前に自分の選んだものを分析してはいけません。パートナーと協力する主な理由は、あなたに見えない意味を見いだし、客観性と、偏見のない洞察を提供してもらうためです。

　自分の思い出がどのように噛み合うかについての先入観をもってWHYを見つけるストーリーに臨むと、自分の理論を証明するような方法で語ってしまうリスクがあります。リラックスして、パートナーにテーマを認識してもらいましょう。あなたはストーリーの語り部。あなたのパートナーは、それを解釈する役割なのです。

共有におけるアドバイス

プロセスを助けるための小さなコツは、3つの最も印象的なストーリーを丸でかこみ、それをまずパートナーに伝えること。最も印象的なものに焦点を当てること、関連し合うストーリーをただただ話したいという誘惑をかわすことができます。

些細なことを見逃さない

本書の著者の1人であるデイビッドは、トッドという人物とWHYを見つけるワークショップを実施した。以下はトッドがデイビッドに話したストーリーで、あなたと似ているかもしれない。多くの人が、WHYを見つけるためには大きなできごとについての大きなストーリーを話す必要があると思っている。

しかしこの例のよい部分は、デイビッドがこのストーリーを基にして、トッドをWHYへと導く金の糸を見つける手助けができたということである。

この話をする前、トッドは彼の人生について別の話をした。彼はバスケットボールの全額奨学金でカレッジに進学したが、ドラッグとアルコール依存症のためにそれを失う結果になった。

NBAを目指していたため、カレッジでの学業が中止になっただけでなく、彼の夢と自己意識が打ち砕かれた。このストーリーが実際起こった時期、彼はドラッグとアルコール依存症と戦いながらバーで働き、自殺を考えていた。

トッド：土曜日の朝、仕事を終え曲がりくねった道を車で家に向かっていたよ。家の前でレモネードを売っている少女の前を通り過ぎたんだ。他の日なら、そのまま過ぎ去っていたはずさ。しかしなぜかこの日は、引き返して、持っていた小銭を

全部彼女にあげたいという、説明しようのない衝動にかられたんだ。僕は彼女のレモネードスタンドまで車を引き返し、レモネード1杯いくらか尋ねた。

「25セントよ」と彼女は答えた。そこで僕は1杯注文した。彼女はレモネードをとりにスタンドまで戻り、その間僕は、車のカップホルダーにあった25セント硬貨を全部取り出した。仕事のチップで貯まっていたやつだ。おそらく40ドルほどだ。少女からレモネードを受け取ると、僕は片手1杯の25セント硬貨を彼女の小さな手のひらにのせた。そしてもう片手1杯。その度に彼女の目は輝いた。彼女はくるりと回り、嬉しそうに家の中へと入っていった。
想像できるだろう。僕はいい気分でそこを去った。しかしその後、予想していなかったことが起こったんだ。突然、感情が沸き上がってきて堪えきれず、僕は泣きだしてしまった。泣きすぎて、車を停めなければならなかった。自分でも驚いてしまったんだ。

デイビッド：うわあ、とても心を動かされるよ。過去に涙を流した経験はきっとあったはずなのに、私と共有したかったストーリーのうち、特にこれを選んだ理由は何だろうか。

トッド：人生で初めて、他の誰かのために何かできたと感じたんだ。人生で初めて、自分を最優先

に考えなかった。これは僕の目を覚まさせる大きな警鐘だった。魂に火がつき、自分が重要な存在だという感じを初めて持ったんだ。他の人も自分が重要だと感じられるよう、手助けをしたいと強く感じた。誰もに、今以上のことができて、今以上のものになれると感じてほしかった。その瞬間から、自分が感じたものを世界と共有したいと思ったんだ。

WHYを見つけるための対話の最後、デイビッドはトッドのとても些細なストーリーの多くに共通した貢献の糸を見つけた。

レモネードを売っていた少女にとった行動のように、トッドのWHYは、「その人の可能性を示すことで、その人が人生でもっと何かを成し遂げたいと思えるようになる」ことだった。

トッドのWHYの神秘的なところは、それがまさしく、彼に起こったということだ。彼は想像力を刺激され、人生でもっと何かを成し遂げたいと思わされたのだ。

ストーリーを共有する
（ここでパートナーが参加）

　ここからは、パートナーとともにWHYを見つけましょう。自分について多くのことを共有するのは心地悪いかもしれませんが、コンフォートゾーン（心地よくいられる範囲）を完全に抜ける必要はありません。

　ただ、その領域を少し広げてほしいのです。もし、ストーリーが個人的すぎて共有できないという場合は、無理して話す必要はありません。しかし、共有すると決めたストーリーについて、あなたが心を開けば開くほど、パートナーにあなたの重要なパターンが見えやすくなることを心に留めておきましょう。

　共有できると感じることだけを話す。しかし実際共有する際は、プロセスの効果を得るために感情的に脆くなるかもしれない覚悟もしましょう。プロセスが進むにつれ、自分がどれだけ心を開いているかに驚くかもしれません。

　具体性——それがここでの秘訣です。これは強調してもしきれません。ストーリーのリストや図をつくったとき、詳細は書く必要がないと伝えました。今は、できる限り具体的にストーリーを語りましょう。

　「詳細」といっても、その日の気温やあなたの服装のことではありません（それらが物語に重要でない限り）。この種の情報は話の背景を提供しますが、本当に知りたい情報は心の奥深いところにあります。感情はあなたのWHYの核となるため、当時経験した思い出や感情に直接繋がることはとても大切です。

　当たり障りのない話ではわからないことが、具体的なストーリーでは輪郭を持つようになります。次にいくつか例を挙げます。

一般的な話

　毎年クリスマスには、祖父母の家に行った。愛情あふれる家族に囲まれ、とても心地よかった。

具体的なストーリー

　毎年クリスマスには、祖父母の家に行ったものだ。最も印象に残っている年は、私が9歳のことだ。祖父が生きていた最後のクリスマスだった。

　彼は私の人生で強大な存在であり、私は祖父が亡くなるまで、その影響の大きさに気づいていなかったかもしれない。祖父とはとても仲のよい関係にあったが、今になって彼が私に与えた影響がわかる。彼は自分のペースで生きていた変わり者だった。人びとは彼を変だとかおかしいとか言っていたが、私にとって祖父はいつも完璧に普通だった。

　ソファーに祖父と一緒に座っていたときのことを覚えている。2人だけだった。私も変わった子どもで、学校では皆から変人と呼ばれていた。けれど祖父といるときは安心だった。祖父といると、自分らしくあることや、他人と違うことが誇りに思えた。彼を最高にかっこいい人間だと思うことで、変わり者の自分に自信が持てた。

　祖父が変わり者でこんなに素晴らしく、また、自分もいつか子どもや孫に同じような存在でありたいなら、

自分も自分であることに自信をもった方がいいと思え
たんだ。

一般的な話

　子どもの頃、体操が大好きで、毎日4時間練習して
いた。とてもきつかったが、そこから多くのことを得
た。

具体的なストーリー

　子どもの頃、体操がとても好きだった。練習は長く、
きつかった。ある日、チームと私が、最も厳しいコー
チのもとで宙返りを練習していたときのことだ。めっ
たに褒めないコーチだったし、私にとても厳しかった。
自分はいつもコーチにとって不十分な存在だと感じて
いた。私はときどき、コーチがわざと他のメンバーよ
りも私に厳しくしていると感じた。

　どれだけ一生懸命頑張っても、十分ではなかった。
宙返り、特にひねり宙返りのような空中競技は私の得
意なものではなかった。だけど諦めずに、私はコーチ
に自分が十分であることを証明すると心に決めていた。

　そして、それは起こったんだ。昨日のことのように
覚えている。1回実演したあと、コーチが私の隣でひ
ざまずき、残りのチームに向け、「これが正しいやり方
だ」と言ったんだ。今までにない誇りを感じた。その
時点で、コーチが厳しかったのは私のことを嫌いだっ
たからでなく、私のことを信じていたからだと気がつ
いた。私に努力する意欲があり、私がその努力を実ら
せることを彼は知っていた。コーチはそれを私に教え
るのでなく、私自身で学んでほしかったんだ。その瞬

間私は、家で教えこまれていた規律と努力が非常に大切であることを理解した。

これが、本気で努力を学んだときだ。その日のことを考えると、今でもぞくっとするよ。

一般的な話

私はこの仕事が好きだ。素敵な場所も、それほど魅力とはいえない場所も数多く訪れた。しかしほぼ共通していることは、いつでも同じで、おもしろく、感銘を与えられる人々に会うことだ。その報酬も悪いものではないよ。

具体的なストーリー

私は今の仕事が大好きだ。多くの素晴らしい場所を訪れることができるが、目的地がそれほど魅力的でなくても、とても感動することが起こる。訪れるのを楽しみにしていなかった都市に行ったときのことだ。

それは小さな田舎のコミュニティーで「まあ、いいこともあれば、悪いこともあるさ」と私は思っていた。そこで出席したイベントで、近くの大学から来ていたサッカーコーチと出会った。彼は素晴らしい人物で、彼は自分がどのように人と違ったやり方をしているかについて、ある話をしてくれた。

彼は自分のチームの人材育成とリーダーシップ教育に力を入れていた。ほとんどのコーチは、勝ち負けだけを気にする。しかし、このコーチは選手の成長をまず気にかけていた。勝った場合は、勝利に浸らないようにさせる。負けた場合は、それを学びのチャンスとして活かす。

　最も心を動かされたのは、それが選手に大きな影響を与えているということだった。彼らはチームとしてよりよいパフォーマンスをするだけでなく、そのほとんどは学校の成績が良く、家族関係などの個人的な関係がうまくいっていた。このサッカーコーチのおかげだ。今まで聞いた中で最も感銘を受ける話だった。私はスポーツファンでさえないのにだ!

＊　＊　＊

テーマを見極める

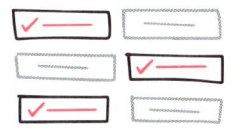

　WHYを見つける次のステップは、テーマを見極めること。それはあなたのストーリーで繰り返されるアイデア、言葉、表現、感情です。

　このプロセスを先導するのは、あなたのパートナーです。あなたには近すぎてパターンが見いだせない客観性を、パートナーが持っているということを忘れないでください。あなたが木を表現するのに忙しくしている間、パートナーは森が現れるのをはっきりと見ることができるのです。

　WHYを見つけたい人に必ず起きる問題ですが、その人は、両方の役割を自分でできると思ってしまうことです。自分でストーリーを分析し、自分でテーマを見つけようとします。

　しかし、それに成功した人を一度も見たことはありません。自分でやったという多くの人に会い、彼らにビジネス、家族、目指している目標についてのWHY

ステートメントを見せてもらいました。深い質問をされると、彼らのWHYはたちまち崩壊しました。サイモンが彼自身のWHYを発見するためにこのテクニックを開発したときでさえ、人に頼み、彼のストーリーから金の糸を見つける手助けをしてもらっているのです。

あなたのパートナーは聞いて記録することに集中し、客観的な視点を与えます。たいていの場合、パートナーがストーリーを聞くのは初めてで、経歴や不安やエゴといった複雑な要素は絡みません。これが、パートナーにテーマがより見えやすい理由です。

間違ったストーリーがないのと同様に、間違ったテーマもないのです。もし何かが2回以上表れたら、書きとめましょう。ストーリーから生まれるテーマの数に制限はありません。8個、10個、15個、もしくはそれ以上かもしれません。それでもよいのです。あなたとあなたのパートナーの最初のステップは、すべてのテーマを紙に書き出すことです。

✔ **他者を助ける**
support others

✔ **より大きな視野をもつ**
see the bigger picture

✔ **境界線を広げる**
push the boundaries

　テーマをすべて書き出したら、少し時間をとってそれらを見直しましょう。テーマがすべてのストーリーに存在することもあります。しかしパートナーは、各テーマをあなたが語ったストーリーの2つ以上に繋げなければなりません。アイデアは、一見繋がりのない最低2つのストーリーの中で繰り返されることで、テーマとなります。

　すべてのテーマを箇条書きにしたら、ページからはみ出しそうな、一番大きいと思えるもの1つか2つを丸で囲みましょう。あなたの原動力となり、あなたを形づくるようなもので、最も気になるものです。
　パートナーに、ストーリーに基づいてどのテーマがより重要か見比べてもらいましょう。一緒に、あなた独特の貢献だと感じるテーマを1つと、影響をもっともよく表すテーマを1つ選びます。これで、WHYステートメントを下書きする準備ができました。

　「ちょっと待って、もし2つのテーマだけがWHYステートメントに使われるなら、パートナーが私のストーリーからわざわざすべてのテーマを書き出したのはなぜだろう」と思うかもしれません。
　あるいは「もし、WHYステートメントに自分が気に入ったテーマが組み入れられなかったら、ただ見捨てなければならないのか」と。

　ご心配なく。パートナーがすべてのテーマを書き出すのには重要な理由があり、他が捨てられることはあ

りません。後の章で説明しますが、それらのテーマは
あなたのHOWになるのです。

WHYステートメントを下書きする

核となるテーマを見極めたら、それらをWHYステートメントの下書きにしましょう。前の章で伝えたように、最初の下書きはこの形式に従って書くことをおすすめします。

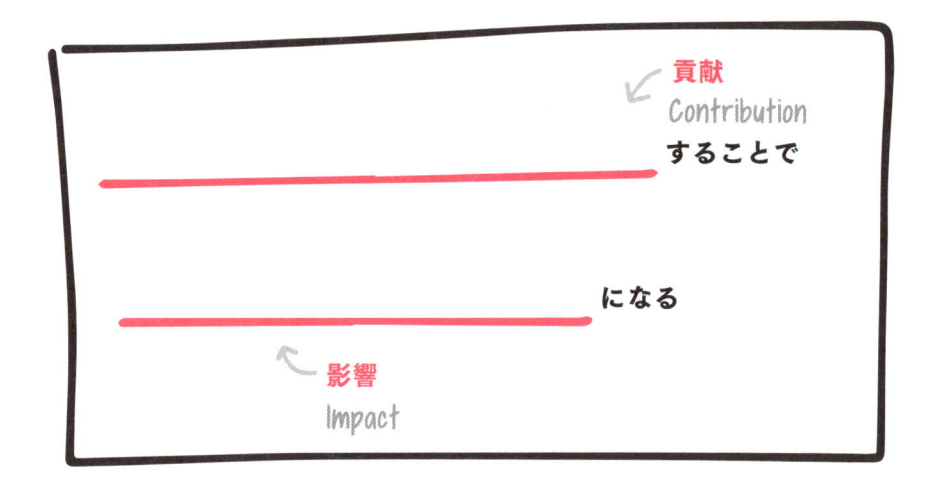

　シンプルで、実行可能で、あなたが他者に与えるポジティブな影響に焦点を当てるためには、これが最も効果的です。

　核となるテーマを念頭におき、この形式を見つめることに数分とってWHYステートメントの最初の下書きをしましょう。

　あなたのパートナーも、あなたと分かれて同じ作業をします。初めに別々に書く理由は、あなたのパートナーとあなたがそれぞれ表現するWHYが違うかもしれないから。完璧な言葉もしくは注意を引くような表現であれ、少し異なるWHYが2つあることは実際、非常に役立ちます。

　それは友達に買い物についてきてもらうことと同じ原理です。彼らは、あなたなら2度振り返って見ることのないシャツを選ぶかもしれず、実際着てみると、今までにない最高なシャツだったりするものです。

　それぞれ5分ほど、言語化に時間をかけてください。この段階で考えすぎることには意味がないので、5分だけでよいでしょう。そしてパートナーとそれぞれの下書きを共有します。両方のWHYステートメントを検討した後、どちらか一方を選ぶか、両方を組み合わせることを決めます。

　この下書きの目標は、完璧であることではありません。目標は、ほぼ妥当な大枠を作成し、正しいと感じる何かに突き当たること。実際の言葉は、WHYと時間を過ごし、WHYについて考えをめぐらせ、そして行動

に移すという最も重要な行為を続けながら、変えていきます。おそらく確実に、それは変わるものです。

WHYステートメントに磨きをかける

下書きができたら、WHYを見つけるプロセスの最終段階である、WHYステートメントかを評価し磨きをかけるときです。これにはいくつかの方法があります。

WHYステートメントが正しいかを確認したり、どのように調整するかを知る1つの面白い方法は、私たちが「友人による演習」と呼ぶものをおこなうことです。この実践のために、親しい友人のリストをつくりましょう。いつも味方してくれ、必要であれば、夜中の2時でも必ず電話に出てくれるような友人です。そしてあなたも、彼らからの夜中の2時の電話に応えるような。では、次の手順に従ってください。

「友達による演習」

この演習は1回につき1人ずつ、直接会っておこなうことで最大の効果を発揮します。友人には必ず、あなたがおこなってきたプロセスについての背景を説明し、あなたのWHYを見つける旅を助けてもらうよう依頼しましょう。この時点では、相手にWHYについて話さないでください。

まず友人に、「なぜ私と友達でいてくれるのか」と尋ねてみましょう。怪訝な顔で見つめられても驚かないで。これは普通友人同士で質問し合うことではないし、思ったよりも答えるが難しいことです。

　友情というのは感情に根ざしているので、すでにお
わかりのとおり、言葉で表すのが困難なことです。こ
の実践の効果を発揮するためには、お互い少々不快を
感じても、続けなければなりません。

　皮肉にも、「なぜ」を尋ねる質問は実際私たちを
WHYに導いてくれません。「なぜ」が感情的質問であ
り、それが曖昧または反応的な回答を引き出す傾向に
あるからです。
　逆に、「何」を尋ねる質問は、より思考をめぐらせた
正確な回答を引き出します。では同じ質問を、今度は
「何」で置き換えて尋ねてみてください。「何が、あな
たに、私と友達になることを選ばせたポイントなのだ
ろうか?」と。

　今回は、「わからない。気にかけているから。信頼で
きるから。同じことに興味があるから。それに、ただ
仲良くやっていけるから」などと友人は言うかもしれ
ません。これは論理的な回答ですが、もちろん、これ
らは多くの友人関係における基本的要素にすぎません。
　毎回「なぜ」質問を「何」質問に言い換えて、あえ
てもう一方を使って質問を続けます。たとえば、「なぜ
……」のかわりに「……についての何が」と尋ねるの
です。「はい、あなたはたった今、友人が何を意味する
かをはっきり述べてくれました。では、私との関係は
何が特別ですか?」などと続けて質問しましょう。

　あなたの友人はおそらく少しの間口ごもり、苦心し

て、友人全体についての特徴を話すかもしれません。これが続くと、友人がそういった楽な方向に向かおうとするのを見逃してやりたいという誘惑が増すでしょうが、持ち直してください。「そうか、でも私にある具体的なものは何だろう」と、理性的な回答以上のものへ、友人を促しましょう。

この会話において、目標地点に近づいていることがわかる方法が2つあります。

1つ目は、あなたの友人が言葉を完全に失ったかのように大人しくなり、床や天井を見つめ始めるとき。ここで実際彼らは、自分の中のあなたに対する感情と繋がっていて、それをどうにか言葉にしようと苦戦しています。他の質問やコメントを投げかけてその沈黙を埋めようとすると、この非常に大切なプロセスが中断されてしまいます。かわりに、友人が沈黙と向き合い、言葉を見つけるまで見守ってください。

友達のうちのひとりに試してみましょう。この時点で、その友人は「同じユーモアがある」といった一般的回答から「君といると本気で笑えるんだ…それは楽しくもあるけど、僕たちが世界を同じように見ているってことだと思う。先週上司に言われた言葉を君に話すと、君はそれを冗談にしたよね。僕は笑うだけでなく、頭がおかしいのは自分じゃなくて上司だっていうことに確信が持てるんだ」といった、より具体的なものに変わるでしょう。

これが、次に注目すべき友人の視点の明らかな変化へと繋がります。ある時点から、友人はあなたについ

て話すことをやめ、自分自身について話し始めるでしょう。先に挙げた例において、友人が「頭がおかしいのは上司だと確信がもてる」と言うとき、彼はあなたの性格についてでなく、あなたが彼をどういった気持ちにさせるかと、あなたが彼にどんな変化をもたらすかについて話しているのです。

つまり、友人は彼の人生にあなたがもたらす貢献を表現しています。そして、彼が言ったことに対しあなたが感情的な反応をするとき、十分深いところまでいったといえます。それは鳥肌が立ったり、言葉に詰まったりというものかもしれません。

その反応は、彼が彼の人生におけるあなたの真の価値を言葉にしたために起こります。彼は彼自身の言葉であなたのWHYを述べ、WHYは言語でなく感情をコントロールする脳の部分に存在しますから、あなたに感情的反応が起こります。これは重要な節目です。自覚さえないのに、あなたが自分のWHYを生きてきたことがわかる素晴らしい方法なのです。

「友達による演習」から生じるテーマやパターンは、あなたとあなたのパートナーがWHYを見つけるプロセスで得たものと同じか、似ている可能性があります。

しかし友人はあなたについて話すとき、あなたが好きな言葉や表現を使ったかもしれません。しっくりくると感じれば、それらの言葉を自由にWHYステートメントと組み込みましょう。

逆に、「友達による演習」によって別のテーマが浮かび上がれば、それらも考慮すべきです。それらのテー

マは、WHYを見つける過程で得たものより適当な感じがするでしょうか。もしそうであれば、あなたとパートナーはもう少し模索を続ける必要があるかもしれません。

「友達による演習」に加え、WHYステートメントを数日間、ただそのままにしておくことも効果的です。ケーキのようなものだと考えてください。オーブンからケーキを取り出して、すぐに1切れとって食べることはできません。熱すぎて、ボロボロと崩れてしまう。ケーキには冷めて固くなる時間が必要なのです。あなたのWHYも同じで、使い始める前に、冷めて固まる時間を与えましょう。

WHYステートメントの最初の下書きはたいてい、ありふれたものに聞こえます。自分のWHYと時間を過ごしながら、あなたにとってより真実味のある、あなたの感情をもっと完璧に表現できる言葉を見つけていきましょう。

WHYステートメントを見直すとき、ストーリーを再度振り返ってみましょう。これは、どのような変更をしてもWHYの正確性が弱まらないようにするためです。WHYに磨きをかけることの最終的な目的は、聞こえがよいものにすることではなく、これだ！　と感じられるものにすることです。

WHYステートメントを磨くのに、どれほどの時間がかかるでしょう。これは一人ひとり違うため、断言は

できません。自分のWHYにとって完璧な言葉を見つけるには、何週間も、何か月もかかることもあります。やり直しは1回かもしれないし、12回かもしれない。私たちのチームでも、実際にこれは起こっています。

デイビッドを例にとってみましょう。彼の当初のWHYステートメントはこうでした。

「ポジティブな変化を起こすことで、人びとがより充実した人生を送ることができるようになる」

このWHYは目標に近いものでしたが、「充実した人生」という言葉がデイビッドにはしっくりきませんでした。漠然としすぎて、ありふれた表現のように感じられたのです。そこでもっと深く模索しました。

「『ポジティブな変化を起こす』とは、実際何をすることだろう。その一方で、『充実した人生』とは何を意味するのか」

彼は自分のWHYステートメントと向き合い、毎回、前回のバージョンよりももっと自分らしいと感じられるものを得られるまで、それを口に出し、実践してみました。

その結果、彼オリジナルのWHYができました。

「前へ進むよう人々を駆り立てることで、それぞれが世界に自分の足跡を残せるようになる」

どの言葉を使うべきかをもっと深く考えるうちにデイビッドが気づいたことは、充実した人生を送るよう人びとを促すことは、人びとが他者へよい影響を与え

るようになるということです。

　そして彼なりの「充実した」の定義は、2番目のバージョンではっきりと表現されています。これが理由で、デイビッドの現在のWHYステートメントは当初よりもっとパワフルです。より正確で、より彼らしいものとなりました。

　デイビッドの場合と同様に、磨かれることで、あなたのWHYももっと力強いものになるかもしれません。しかし、だからといってより効果が出たり、行動しやすくなることはありません。WHYを実行に移し始めるために、時間をかけて完璧な言葉を探す必要はありません。前国務長官のコリン・パウエル氏はこう言いました。

　「30%の情報で決断することはできるが、80%以上の情報は多すぎだ」。

　実際、自分のWHYと時間を過ごすことで、あなたは目標と、それにどう到達するかということをさらに意識するため、完璧な言葉を自然と見つけられるようになります。だから、自分のWHYステートメントと向き合う時間をつくってみてほしい。しかし、時間をとりすぎてはいけません。WHYを見つける理由は、それに基づいて行動することなのですから。

　私たちは、誰もが自分のWHYを知っている世界を心に描いています。もちろん、一冊の本を読むことだけがWHYを見つける方法ではなく、人によってはこれが理想的でないことも承知しています。

　すべてのデスクにゴールデン・サークルがあること
を目指して努力する私たちは、あなたのWHYを見つ
けるための数々の方法をつくり出しました。もっとも
っと学び、人の心を動かすためのツールを発見してく
れることを願っています。

組織のための
WHYの見つけ方
Part1 準備編
WHY Discovery for Groups : Part 1

この章では、組織のWHYを見つける準備としてユニットアプローチの解説をします。そして、続く第5章では、ワークショップを実施するための具体的な手順を説明します。

ユニットアプローチは、共通の目的や信念を表現することを目指す集団すべてのためにあります。つまりそれは、組織が最高の状態になったとしたら、組織の風土はどのようなものになるかを言葉で表すことです。私たちは「ユニット（Unit）」を「共通の価値や信条を軸として集まった人びとのグループ」と定義しています。

組織全体でも、小さなチームでもユニットになり得ます。多くの場合、あなたのユニットが誰であるかは、組織内であなたが位置する場所により決まります。もしあなたが組織の重役であれば、組織で働く全員があなたのユニットです。部長であれば、あなたの部署で働く人びとがあなたのユニット。チームのリーダーやメンバーであれば、チームがあなたのユニットとなります。

組織の構成があまりはっきりしていなければ、何を適当だと感じるかによって決めてよいでしょう。チームメンバーが、2つ以上のユニットに属する場合もあるかもしれません。要は、そのユニットに自分が属していると感じる場所だということです。

今あなたは、これはなんだか小学校でやった数学の文章題のようだと思っていることでしょう。集団でWHYを見つける目的は、ものごとをシンプルにすることで、複雑にすることではありません。

　私たちは「ブランチWHY」というコンセプトを使い、そのアイデアを説明します。木からそれぞれの枝（Branch）が分かれるように、ブランチWHYは、人びとが、組織のWHYとの関係や、彼らがそこで果たす役割との関係を真の意味で深める場合にのみ使われなくてはなりません。

　組織全体のWHYが組織中の人びとのやる気を起こさせるのに十分であれば、それを保持してください。

ブランチWHY：
全体の一部になるWHY

　組織にはWHYがあります。また、組織の中には、より小さい単位のチームがあります。チームにも、それ自身のWHYが存在します。私たちはそれを**ブランチWHY**と呼び、組織内における各グループの存在意義を表すことにしています。

　それらの各チームは複数の人から成り、彼らはそれ

ブランチWHYは必ず会社全体のWHYの一部になります。これなくして、会社のWHYは完成しません。

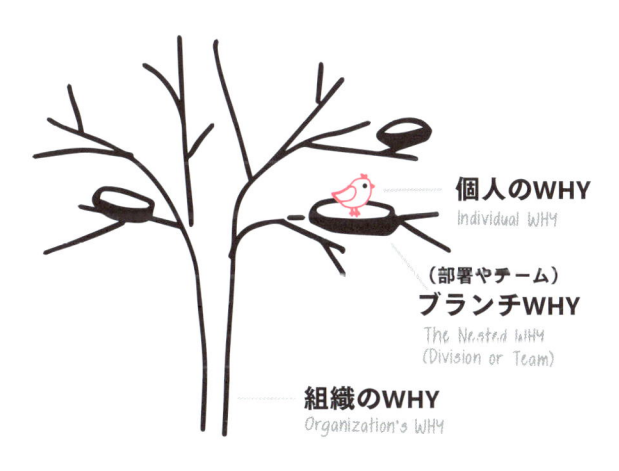

個人のWHY
Individual WHY

（部署やチーム）
ブランチWHY
The Nested WHY
(Division or Team)

組織のWHY
Organization's WHY

ぞれ自分自身のWHYを持っています。

　目標はそれぞれの個人が企業文化になじみ、価値を共有し、ビジョンを信じ、かつ自分が尊重され価値があると感じられるチームで取り組める会社で働くことです。

　ブランチWHYをつくる理由は、組織が大きな包括的WHYをつくりたい理由と同じです。人びとにアイデンティティの意識と帰属感を与えるからです。

　チームやグループはそれにより、毎日ともに働く人びとをユニットとみなすことができる。それにより、より大きなビジョンに向かう、1つしか存在しないグループとして、どのような特別な貢献をできるかがわかってきます。

　組織を木のようなものだと思ってください。根っこと幹はその始まりと核を表します。木には枝があり、それは組織の部門や部署。そしてその枝には巣があり、それは木の中のチーム。そしてそれぞれの巣の中には、一緒にそこに属する家族がいます。

　個人としての私たちの目標は、より自分にふさわしい木およびふさわしい巣を、より簡単に見つけられるよう、自分のWHYを知ることです。組織の目標は、そこにふさわしい鳥を呼びよせるために、そのWHYを知ること。そして会社内の各チームの目標は、組織がもつより大きな目的や信条に最も効率的に協力しながら貢献してくれる、それぞれの巣にふさわしい鳥を呼ぶことです。

アメリカにもWHYがあります。ロサンゼルスやニューヨークにもWHYがあります。私はアメリカに住んでいますが、どの都市に住んで働くべきでしょう。自分に合った会社にいても、間違った巣（チーム、部署）にいる可能性はあります。これはその人の仕事ぶり、意気込み、自信に影響します。

どの都市に住むべきか、どの巣に加わるべきか、またはどのグループやチームが最もふさわしいかを人びとが知る手助けをすることが、成功する組織づくりに繋がります。

会社に最もふさわしい人物をどのように引きよせ雇用するかの判断を、科学に頼る会社もあります。しかし実際に考えなければいけないのは、彼らが組織のどこであれば、自然に最高の状態で働けるかを知ることです。

会社に合った人物を雇うのは、ただの仕事の一部です。その人が自然に最高な状態で働くことができ、やる気をもって貢献していると感じるのは会社のどの部分かを知ることも重要です。実際、これが最も大切です。

私たちは、WHYの意識がとても曖昧な会社を何度も見てきました。リーダーたちは存在意義といった「目に見えない」ものにそれほど興味を持っておらず、見えないふりをしていました。しかし、その会社でこれらに価値をおく各グループのリーダーたちは、グループのブランチWHYを見つけることに時間をとりました。

それらのグループの意欲は一番高い傾向にあり、一番生産的で革新的、定着率が最もよく、長期間では会社内で最もよい成績を収めています。

* * *

本書の主著者であるサイモン・シネックには、WHYがあります。

「やる気になれることをするよう人びとを鼓舞することで、人びとが共に世界を変えるようになる」

彼のWHYは会社のWHYでもあり、私たち全員はそのWHYの価値を信じ、採用しています。事実、このWHYは私たち全員のビジョンの基盤となっています。

そのビジョンとは、多くの人びとが、仕事に行きたくて仕方なく毎朝目覚め、職場では安心感を覚え、自分のやった仕事に対し充実感を感じながら家に帰るというものです。

私たちの会社の中には、日頃から協力して働くチームがあります。そして時間とともに、サブカルチャーが形づくられます。私たちピーターとデイビッドが働くグループにはブランチWHYがあります。

「可能なことに光を当てることで、それぞれが世界を変革できるようにする」

このWHYは私たちグループが、会社の大きな目的に与えられる独自の貢献となります。サイモンの本、トーク、ワークショップには、とても心を揺さぶられます。この本を読んでいるあなたには、彼が話すことを実際にどうやって行動するかに本書が光を当てているということがわかるはずです。偶然ではありません。人びとに道を示すことが私たちチームの目的であり、そのために私たちは朝仕事に行きます。こうやって、私たちは会社の目的に貢献しているのです。

もう1ステップ進みましょう。私たちはチーム全体でこのブランチWHYを共有しています。しかし私たちは、巣の中の個人でもあります。それぞれが集団のWHYに自分なりの貢献をします。なので、チームのそれぞれが、私たち全員のWHYでもある個人のWHYを持っているのです。

ピーターがするすべてのことは、「人びとが並はずれた人間になることで、並はずれたことをできる」ようにデザインされています。デイビッドは毎朝、「前へ進むよう人びとを駆り立てることで、それぞれが世界に自分の足跡を残せるようになる」ためにベッドから出ます。私たち2人とも、会社のWHYの一部となっているのです。

サイモンが閃光を発すると、私たちチームは光を照らしてその炎をあおり、自分たちのビジョンを実際どうやって実現できるかを人びとに示します。社内の全員が自分個人のWHYを知っており、自分のチームの

ブランチWHYを認識しており、全員で実現させようと取り組んでいる共通のビジョンを理解しています。

* * *

　組織全体のWHYを発見するつもりなら、あなたのユニットのワークショップを計画する前に考慮すべきいくつかのポイントがあります。

創業者が2人以上いる場合、ビジョナリーを選んでください。会社はたいてい、ペアで立ち上げられています。1人のビジョナリーと、1人または複数のビルダーがいます。詳細は『Start with WHY』（邦訳『WHYから始めよ！』日本経済新聞出版社刊）の第12章を参照してください。

- **創業者**がまだ組織にいれば、創業者と個人のWHYを見つけることは最高のスタートだといえます。組織をつくったのは、彼らが自分個人のWHYを実現させるためにおこなったことの1つです。
　創業者個人のWHYを表現することでコンテキスト（文脈）が与えられ、さらに強力な組織のWHYへと近づけるでしょう。私たちは、創業者とともに個人のWHYを探し、その後大きなグループでユニットアプローチをするというテストをいくつか実施しました。風土が強い会社では、驚くほど結果が似ています。

- 会社の創業者がもういなかったり、セッションに出席できない場合、組織がWHYを（再）発見するにはユニットアプローチが最適な方法です。

　以下は、各グループがブランチWHYを明確にするために、ユニットのWHYを見つけることを考えるかもしれない特定の状況です。

- グループや部署が、自らのブランチWHYを見つけることで、会社のWHYにもより心を通わせ、貢献できると感じるとき。

　ブランチWHYは常に組織のWHYの下にあるものだということを忘れないでください。サブグループが、より大きな会社内に存在する理由を考慮せずに、単独でブランチWHYをつくれば、社内のその他の部署と相反する目的を持って働くことになるかもしれません。これは混乱を招きます。ブランチWHYは常に、その上にあるWHYを構成する要素でなければなりません。

- 例外は、階層のリーダーが会社全体のWHYの表現に興味を持っていないため、組織のグループ、部署や中間管理者が、自分のグループのWHYを見つけたいというときです。

　組織が本当に方向性を見失い、はっきりとしたWHYの感覚なしに運営し、トップにWHYを見つける意思がない場合、チームのリーダーまたはメンバーの誰かが、求めるリーダーになることができます。これは理想的ではありませんが、これに動機づけられて後に続きたいという他のグループが出てきたことも実際に見てきました。そして最終的に、しっぽが犬を振り動かすかのように、会社もついてくるのです。

　合併、買収やその他の理由でほとんど機能していない組織は、最高の状態で運営していません。おそらく、まとまった目的意識はなく、それにより個人のグルー

プやサイロ（組織内で独立した人びと）が自分の利益を追求しようとする状況に陥ります。

　このような状況に対処するには、組織内で、強力なリーダーシップと健全な文化を維持してきた小さなグループで、ユニットアプローチをとることが推奨されます。このグループにWHYを表現させることが、「**犬の尻尾をふらせる**」最初のステップです。

「犬の尻尾をふらせる」についてもっと学びたければ、サイモン・シネックが彼の本『Start with WHY』の第7章でそれについて説明しています。

　組織内のチームのWHY（ブランチWHY）を見つけることの素晴らしいところは、それにより組織が、組織自体のWHYを見つけたいと思うようになることです。1つの部署がそのWHYに基づいて考え、行動し、コミュニケーションし始めるとき、素晴らしいことが起こります。成績は向上し、イノベーションが刺激され、従業員の離職率は低下しはじめます。上級幹部はこのような進歩に気がつきます。

　WHYを見つけたグループはたいてい、以前よりも楽しそうに仕事をし始めるため、他の部署の従業員も気になり始めます。私たちが1つの小さな部署とクラスタWHYを見つけたあと、会社の他の部署の従業員から電話がかかり始め、空いている講師はいないかと尋ねられました。

　このように、尻尾は犬を振り動かすことができます。つまり、やる気があり意欲をもって取り組む小さなグループの従業員たちが、組織全体にポジティブな影響を与えることができるのです。

　しかし、企業風土が弱すぎて、ブランチWHYを見つけられるチームの存在がない場合もあります。こう

いうケースにおいて、組織を正しい方向に向けるのは、強く、夢を持ったリーダーだけです。強いリーダーは、たとえ創業者でなくても、WHYのない会社に目的意識を与えることができます。

　WHYの存在したことがない場所にそれを与えることは、すでに存在するWHYを変えることとはまったく違います。会社のWHYはその風土における基準、共通の価値や強い関係でできており、新しいリーダーは単に介入してそれらを変えることはできません。

　リーダーは、会社の当初の目的が長年の誤用と濫用により完全に崩れたとき、新たなWHYを提供しなければなりません。最高のシナリオは、リーダーがまず個人のWHYを見つけることです。その後、彼らはそのWHYに基づいて会社を導くことができ、それに影響された人びとが後に続きます。

　稀ではありますが、まったく機能しておらず、崩壊し、恐れや不信、被害妄想、個人的利益が横行していた組織のいくつかに遭遇したことがあります。このようなケースでWHYを見つけることは、何も進歩もなく、人びとが不満、偏見、ぐちを吐き出すためだけのセッションとなってしまいがちです。

　このような組織に私たちがアドバイスするとしたら、第三者のファシリテーターまたはコンサルタントに助けを依頼し、組織のリーダーに問題の原因の多くを認識させることでしょう。このより深い分析が完了して初めて、効率的にWHYを見つけることができます。

この事前作業なしにWHYを見つけようとすると、ほぼ確実に失敗するでしょう。そして一度それが起こると、2度目の挑戦で成功することは非常に難しくなります。初めから根本にある問題に対処することで成功への備えをするほうが断然簡単です。

チームは、ただ一緒に働く
人の寄せ集めではない。
互いを信用する人の
集合体であるべきだ。

A team is not a group of people who work together.
A team is a group of people who trust each other.

———

ストーリーはWHYを体現する

ピーターは、ラ・マルゾッコという会社のために、組織の、つまりユニットのWHYを見つけることを試みた。

創業者はもういなかったので、会社の歴史について少し学ぼうと、ワークショップの前に彼はリーダーシップチームの数人のメンバーと話した。

1927年イタリアのフローレンスにて、ジュゼッペとブルーノ・バンビは手作りのエスプレッソマシンを開発しようと、ラ・マルゾッコを立ち上げた。

その後何十年もの間、会社は業界におけるイノベーションの手本となる高度な専門性を備えた職人チームを組織した。マシンはいまだに手作業で作られ、一台ごとに製造者のサインが刻まれ、世界中のコーヒー愛好家や専門のコーヒーハウスに愛用されているという。

ピーターはワークショップでユニットアプローチを使い、ラ・マルゾッコという組織に対して持つ誇りを表現しようとする従業員たちの多くのストーリーを耳にした。

ある人は、「弊社はコーヒーメーカーのロールスロイスで、敵のハーレーダビッドソンに対抗し、信者を集めた」と語った。彼らは、高度に研磨されたステンレス製の外装と同じように、見えない部分にも細心の注意を惜しまず与えることなどを自

慢げに語りながら、職人たちの製品に対する素晴らしいプライドを口にした。

顧客も同じような熱意を持っていると具体的に話す人もいた。カスタマイゼーション部門は、各顧客の好みに応じてマシンを塗装、装飾したことを話した。会社のロゴを腕に入れ墨している顧客についての話も語られた。

世界中でラ・マルゾッコが顧客と従業員両方にとって意味ある組織だということは、ピーターにとって明確だった。厄介なのは、この感情を言葉にすることだった。

ピーターはもっと深く掘り下げようと、ワークショップの参加者を駆り立てた。「ラ・マルゾッコはコーヒーマシンを作る。それは会社の何かではあるが、物語のすべてではない。ラ・マルゾッコは、ディスペンサーのボタンを押し、プラスチックのコップが下りてくるのを見て、コンピューターのプログラムがそれをいっぱいにするのを待つためのものではない。バリスタが豆の選び方や煎り方について話すとき、何かが見え始めていると感じた。そして、個人やビジネスのマシン所有者がマシンを使うときに注ぐ情熱や愛情が、職人がマシンを作るときのそれと同じくらいであるという話に、私はエネルギーが湧き上がってくるのを感じる。もっと何かあるはずだ。続けよう」

1人の従業員が、ラ・マルゾッコが何であるかを具体的に表していると感じる物語を共有しようと、

手を挙げた。彼は会社がスポンサーとなり開催された、リーダーシップ、コミュニティーやサステナビリティといったトピックにまつわるコーヒー関連のイベントについて話した。

ミランホテルでおこなわれた、タンザニアのコーヒー農業コミュニティーを紹介する写真展示会についての具体的な物語だった。ラ・マルゾッコは顧客やパートナーだけでなく競合も招待した。音楽を通して世界のコミュニティーを援助するというミッションのもと、シアトルのラジオ局からあるDJが参加した。そしてもちろん、そこにはコーヒーがあった。彼は、イベントは人々が話して感情的に繋がりをもてる多くのチャンスを提供したため、とてもパワフルだったと語った。

その話の後に、他のチームメイトが「ラ・マルゾッコは、コーヒー1杯とともに他者と腰をおろし、関わり合うためのものだね」と言った。

その発言に続いたのが、観客からの肯定意見の数々だった。数人が万歳をし、拍手した人もいた。ワークショップの終わりに会社のWHYステートメントが読み上げられたとき、ラ・マルゾッコを描写したすべてのことが意味を成した。

関係を構築することで、他者の人生が豊かになる

そう、ラ・マルゾッコはコーヒーメーカーを作る。それは彼らが「何を」するかだ。しかし、彼らが「なぜそれをするか」は、より人間味がある。彼ら

は人々を繋げることに取りつかれており、それが彼らの目的だ。そしてコーヒーメーカーは、それを実践するために彼らが見つけたビジネスだったというわけだ。

* * *

あなたのユニットがどこであるかをはっきり定めたところで、あなたのユニットのWHYを見つけるワークショップの準備をしましょう。詳細を説明する前に、ここにあるロードマップで、この先のステップを頭に描いておきましょう。

ファシリテーターを見つける
FIND YOUR FACILITATOR

セッションを準備する
PREPARE FOR YOUR SESSION

参加者を招待する
INVITE PARTICIPANTS

ファシリテーターを見つける

ユニットアプローチには進行役が必要です。この役割に理想的な人は、人の役に立ちたいという願望があり、強い好奇心があり、的確な質問をすることができる、組織から信頼されている人物です。

プロのファシリテーターはこの仕事に自信や経験がありますが、プロセスの成功に必ずしも必要ではありません。あなたが経験豊富なファシリテーターでなくても、もしくはファシリテーターが見つからなくても、ご心配なく!あなた自身がそうなれるよう、私たちはこの本を書きました。

ファシリテーターは客観的でなければならないので、少し距離があり、視野が広い人を思い浮かべてください。

たとえば、会社の立ち上げに参加しなかった人物や、長年重役ではない人など。これにより、ファシリテーターがついついプロセスに対して先入観や偏見を持ち込んでしまうことを防げます。つまり、ときに、あまり知らないということは、より多くを知っていることと同じくらい価値があるのです。客観性のあるファシリテーターと作業をおこなうことで、彼らはプロセスに参加するのでなく、プロセスを実行できます。

とはいっても、外部の人に協力してもらうことができなかったり、現実的に無理だったりするかもしれません。その場合は、同僚から1人ファシリテーターとして選ぶか、あなたがファシリテーターになりましょう。

プロセスの基本だけは理解しておいてください。WHYはつくられるものでなく、発見されるもので、WHYを見つけるプロセスは願望を表すためのものではありません。ブランディングやマーケティング活動でもありません。そのようなアプローチでプロセスに臨

めば、WHYを真に説得力あるものにするすべてのもの
が損なわれてしまいます。WHYは私たちが誰であるか
であって、私たちがいつか現実になってほしいと願う
会社の姿ではないのです。

　誰を選んでも、ファシリテーターはワークショップ
においてグループを誘導します。これには、時間と進
行を管理する能力や、積極的に耳を傾けてさまざまな
情報に繋がりを見いだす能力など、特別なスキルが必
要です。ファシリテーターはまた、人びとがその階級、
立場や性格に関係なく、考えやストーリーを共有しや
すいと感じられる「安全な」環境をつくり出す必要も
あります。

　能力や特徴についてのリストにはうんざりするかも
しれませんが、学ぶことが好きでグループと心地よく
働ける人は誰でも、**ユニットのWHY**を見つけることが
できるはずです。
　もちろん、経験があればあるほどよいでしょう。と
りわけ、ファシリテーターは強い好奇心を持っており、
セッションの司会をするというアイデアに楽しく取り
組める人でなければなりません。
　最終的に、その人物に心地よさを感じれば、WHYが
見つかりやすい環境になる可能性は高くなります。同
じくらいの専門性を持った医者は多くいますが、選択
肢があれば、私たちはそれらの医者の中から1人の医
者を選びます。なぜか。それは、その医者が私たちを
心地よくさせるからです。進行役を選ぶ際もこの考え
方を用いれば、次へと進みやすいはずです。

　この章の残りの部分と次の章全体は、ユニットのWHYを見つけるファシリテーターのためのものです。これまで読んだことに基づいて、自分がその役割にふさわしくないと思えば、ふさわしいと思う人物を選び、次のセクションと、そこで言及される後の章を読むよう頼んでください。自分でファシリテーターを務める場合は、このまま読み続けましょう。

セッションを準備する

　WHYを見つけるワークショップのファシリテーターを依頼されることは、栄誉なことです。あなたがワークショップに向けて十分な準備ができるよう、いくつかのことをおすすめします。

　この章を読むことに加え、個人のWHYの見つけ方が説明されている第3章にも目を通してください。このワークショップのためだけにその章に書かれてあるステップに従うことはありませんが、基本となる発見プロセスに馴染みがあればあるほど、ユニットの誘導にもっと備えることができます。

　もしやる気があり時間が許せば、ユニットのWHYを見つける前に、同僚、友人、知人などと、個人のプロセスで練習することをおすすめします。

　第5章のプロセスそのものにとりかかる前に、ファシリテーターのあなた、もしくは組織内であなたを助けている人は、次の重要な作業をおこなう必要があります。

- 参加者を招待する
- 十分な時間を確保する
- 適切な環境を見つける
- 前もって会場を整える

参加者を招待する

　ユニットアプローチには最低10人から15人の参加者が必要ですが、最大で30人まで参加が可能です。それ以上になると、非常に経験豊富なファシリテーターが必要となります。そうでなければ、プロセスは長く、実りのない、めちゃくちゃなものになってしまう可能性があります。なので、もしこのプロセスのファシリテーターの初心者であれば、グループは最大30人までにおさえましょう。

　なぜ最低10人必要なのでしょうか。組織全体をあらゆる角度から表現する物語を生み出すのは、参加者の仕事です。私たちがしようとしているのは、組織全員が、その本質で共感できる普遍的なWHYをとらえることだと忘れないでください。私たちは、WHYを言葉で表そうとしています。つまり、木のたとえで再び考えてみると、すべての枝が生え、すべての巣が宿るための基盤（根と幹）を私たちはつくろうとしているのです。1本の枝や、木の片側だけに多くの鳥が集まってしまうと、つい、1つのブランチWHYだけを表現してしまうことは十分あり得ます。

その結果、それを聞いたとき、木にとまっているすべての鳥がそこに属していると感じられなくなります。組織の規模にかかわらず、すべての部署を確認できる構成図を手元においてください。

「最低10人」のルールの適用外となるのは、10人未満の組織です。この場合、その全員が木全体を表します。

組織の全員がビジネスの複数の面に携わっているため、グループはたいてい、組織のWHYを明確にするために必要なものを正確に持っています。

ユニットのWHYを見つけるセッションは、参加者の大多数に2つの特徴があるときに最もうまくいくことがわかっています。それは仕事に対する高い熱意と、会社に比較的長く勤めていることです。
　会社で長く働いてきた参加者は、引き出せる物語や経験をより多く持っています。そして、十分長い期間在職していたなら、会社のよい時期と悪い時期、組織が最高の状態で運営されていた時期と、最大の困難に直面した時期を見てきたはずです。

共有する物語の数が少なくても、新入社員を参加者として招待することもあるかもしれません。物語を聞き、会社の昔話を聞き、同僚のことをより個人的に知ることで、彼らの帰属感は増し、新しい仕事におけるプライドが高まります。
　新入社員は特別な洞察を提供できます。組織に加わ

って間もないため、そこで働くことを選んだ理由は彼らの頭の中ではおそらくまだ新鮮なはず。新しいチームメイトは、その組織で長年働いてきた人には見えづらい客観的見識を与えてくれるでしょう。

参加者に求める重要な性質は、会社に対する情熱です。会場にはできるだけ多くの情熱家がほしいところです。彼らの中には成績優秀者もいるかもしれませんが、必ずしもその必要はありません。

情熱家とは、「理解する」人。よりよい組織をつくろうと時間とエネルギーを費やし、組織のことを最も気にかける人です。情熱家は、会社の最もよい部分を象徴します。

業務上の、または他の理由で、情熱家でない人びとが参加することになったとしても問題ありません。プロセスは客観的なもので、情熱のない数人の「さめた人」が結果に影響を与えることはありません。

実際、ワークショップでは、組織を愛する理由を述べるよう促されるため、彼らは予想以上に場にふさわしくなることがあります。しかし、たとえそうならなくても、そのような人物が少数派であれば、プロセスは想定どおりの効果を発揮するでしょう。

最後に、組織全体におけるユニットのWHYを見つける場合は、組織を機能別に代表する、あらゆる部門や部署からの異なる地位にある個人を選ぶことをおすすめします。これにより、あなたが見つけるWHYが

本当の意味での組織のWHYであり、全体から枝分かれするWHYでないことが確かになります。

私たちの経験からすると、組織のWHYを見つけるための理想の参加者数は20人から30人です。この規模のグループはたいてい4時間ほどでWHYステートメントを下書きすることができます。

組織が、すべての参加者を上級リーダー層から集めたがることもあります。このアプローチは、リーダーが基本的条件を満たしていればうまくいきます。

つまり、在職期間と熱意です。地位にかかわらず、大多数の参加者は会社で働くことが大好きで、人びとや企業風土を大切にし、会社で十分な経験がある人びとでなくてはなりません。

上級管理職とWHYを探る場合も、彼らが組織内のあらゆる仕事の機能を代表する必要があります。さもなければ、プロセスは効果を発揮しません。たとえば、エンジニアリングにバランスが偏っていた場合、会社全体のWHYでなく、エンジニアリング部門のWHYを見つけることになってしまうでしょう。バランスが重要なのです。

十分な時間を確保する

ユニットのWHYを見つけるには最低4時間かかりますが、会社はセッションを短縮させようとするかもしれません。これには抵抗してください！ 4時間きっちり確保することは必須です。5時間あればさらによい

でしょう。自分たちのWHYに満足してそれを所有するには、参加者は精一杯の知的で感情的な旅をしなければなりません。

　自分が共有する物語を通し、そのWHYを現実のものにしなければならないのです。私たちは、1時間以内で組織のWHYを認識できたであろう発見の多くをおこなってきましたが、それではグループが私たちのもとで感情的にひとつになれることはなかったでしょう。

　参加者は、自力でWHYを見つける必要があり、グループにとって、それは時間がかかるものです。WHYがどんなに聞こえがよいものでも、それを所有していると感じたり、自分の仕事でそれを活かしたいという意欲がある人が誰も組織にいなければ、意味はありません。

適切な環境を見つける

　WHYを見つけることは、普段とはまったく異なる種類の思考を必要とします。創造力を刺激し、プライバシーを守り、気の紛れを最小化できるスペースが理想的です。会社のオフィス内であっても、オフィス外であっても、あなたが選ぶ環境は、次の方法でそれらを促さなければなりません。

参加者が小さなグループに分かれるのに十分な大きさのスペースを選ぶ

　参加者は個人で作業することもあれば、グループで

作業することもあります。なので、風通しがよく十分な明るさがあることに加え、人々が動き回り、かつテーブルや椅子を動かすのに十分なスペースが必要となります。参加者がセッションの全工程に集中できるように、軽食やドリンク用のスペースも準備しておきましょう。

セッションが中断されないスペースを選ぶ

会場が騒がしい部屋の隣にあったり、従業員が使わなければならない唯一のコピー機を設置していたり、人が常に行き来する廊下のすぐ隣に位置しているのは、ふさわしくありません。

前もって会場を整える

ワークショップの始まるその瞬間から、場のエネルギーが高まっていることが重要です。そのための具体的な部屋のセットアップについて説明しましょう。

貴重なワークショップの時間を費やして部屋を整えることがないよう、私たちの指示通りに前もって会場を準備します。こうすることで、参加者は部屋に足を踏み入れた瞬間から期待通りの雰囲気を経験できます。

- **備品を配置する**：正しい方法は1つではありませんが、私たちはU字形をおすすめします。可能であれば、テーブルを壁に寄せ、椅子をU字形に配置しましょう。円は階層を意識させず、率直なディスカッションを生み出します。

- **グループがアイデアを把握する方法を選ぶ**：私たちは通常、各グループにイーゼルに架かった**フリップチャート**を貸し出します。大きな紙やホワイトボードでもよいでしょう。できれば何色かのペンまたはマーカーを、インクがでることを確かめて貸し出してください。

- **フリップチャートを配置する**：部屋の前方に、3つのフリップチャートをイーゼルに架けて追加で配置します。これはあなたが使うためのものです。（以前書いたことをすぐに見直せるので、ホワイトボードよりもフリップチャートの方をおすすめします）。

- **プロジェクターとスクリーンを設置する**：スライドデッキやパソコンを使うなら、必要な機器が設置され正常に機能すること、参加者の視界が妨げられていないことを確認しておきましょう。

　次の図を見て、理想的な会場のセットアップを頭に描いておきましょう。

訳注：フリップチャートとは、模造紙が束になった大型のメモパッドのようなもの。サイモン・シネックのTEDスピーチにも用いられている。イーゼルに乗せて使うものや、イーゼルと一体型になったもの、付箋式のものなどがある。

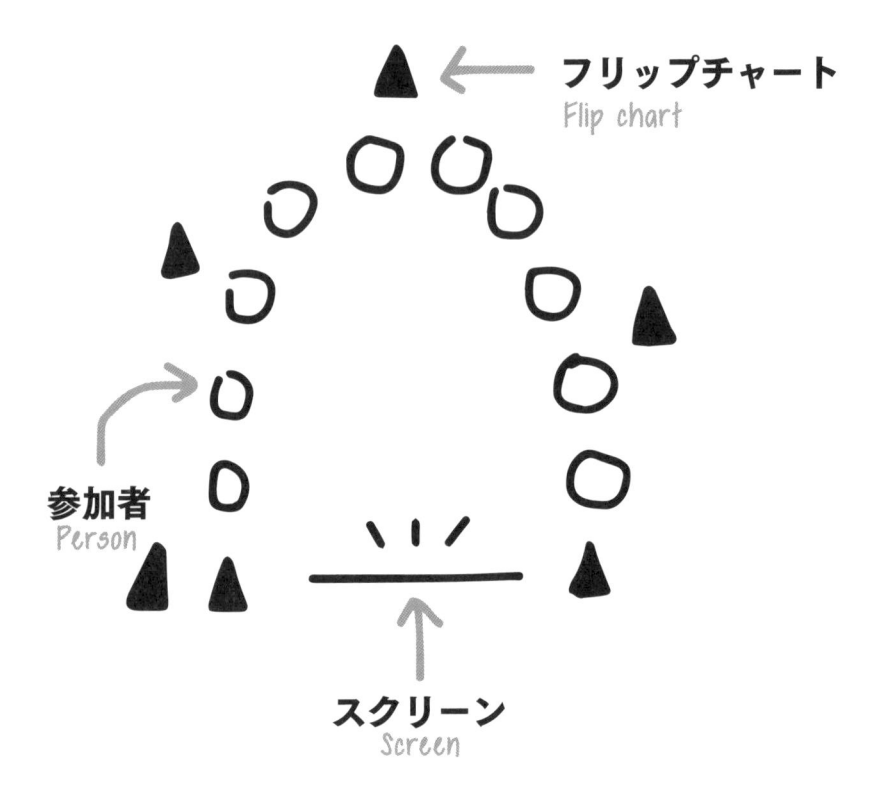

フリップチャート
Flip chart

参加者
Person

スクリーン
Screen

　これで、ユニットのWHYを見つける物理的準備は
完了です。

　次の章では、ワークショップについてステップごと
に説明していきます。

組織のための
WHYの見つけ方

Part2 実践編

WHY Discovery for Groups : Part 2

 ## ファシリテーター・セクション

　第4章で、ファシリテーターの主な仕事は2つあると述べました。WHYを見つける準備をすることと、ワークショップを誘導することです。準備のステップについては、第4章で説明しました。

　これからは、セッションでグループを導くためにおこなうべきすべてを話します。ファシリテーターを初めて経験する人は、この手引きに忠実に従うことをおすすめします。プロセス自体に対する不安が小さければ小さいほど、聞き、質問し、分析し、参加することにより集中できるようになります。逆に、ファシリテーターを経験したことのある人は、これらの指示に自分なりの工夫を取り入れ、グループのWHYの発見をさらに成功させるためのユニークなアイデアを思いつくかもしれません。

WHYを見つけるワークショップの作業は、大きく3つに分けられます。

- コンテキスト（文脈）を設定する
- WHYを見つけるプロセスを実施する
- WHYステートメントを下書きする

これから、これらのステップを具体的に説明し、各ステップにかかる時間の目安を述べていきます。

コンテキストを
設定する
Set the Context

WHYを見つける
プロセス
Run the WHY Discovery Process

WHYステートメント
を下書きする
Draft a WHY Statement

コンテキスト（文脈）を設定する

（🕐45〜60分）

ユニットのWHYを見つけるセッションを開始する最高の方法は、会社やグループにおいて尊敬されており、すでにWHYのコンセプトに100パーセント賛同しているリーダーを招き、セッションをする理由を説明してもらい、その重要性を話し合うことです。その人は、参加者がプロセスにどれだけの時間を費やしているかもわかっています。

私たち人間は、自分の犠牲や投資する時間が尊重されているとわかれば、より意欲的にそれを与えようとするものです。ポイントは、参

加者に、セッションに思う存分集中してほしいと念押しすることです。これはわかりきったことだと思うかもしれませんが、人は会社にとって「もっと大切な」他の仕事を優先すべきだと感じ躊躇しがちです。参加者には、これこそが重要な仕事で、他のことはすべて忘れて参加してよいことを認識してもらいたいのです。

　意欲的なリーダーにセッションの導入部分を担当してもらうことは、ファシリテーターとして「あなたを迎える」助けにもなります。あなたと会社やグループとの関係が浅ければ、これは特に重要になってきます。

　セッションの幕を開け、あなたにバトンタッチすることで、会社があなたを信頼してWHYを見つけるプロセスでのグループの進行役を任せていることを効果的に宣言し、参加者に一貫した注意と協力を与えるよう呼びかけるのです。

　あなたが紹介を受け進行を務めるときがきたら、手短かなWHYのストーリーの共有から始めることをおすすめします。個人的なWHYの経験は、観客との繋がりをうまく築かせてくれるでしょう。心地よく共有できるストーリーを見つけるのが困難な場合は、この本で取り上げられるストーリー（「はじめに」ででてきた鉄を売るセールスマンのスティーブ、または第4章のラ・マルゾッコ）またはサイモン・シネックの本『Start with WHY』から、印象に残ったストーリーを1つ使うとよいでしょう。

　会社としてパワフルなWHYをもったアップル社やサウスウエスト航空の話も、非常にわかりやすく、心に訴えるはずです。

　どのストーリーを選んでも、グループがより大きな目的を達成しようと団結する可能性が生まれます。またそれは、共通のWHYがどのようにユニット内の忠誠心を刺激できるかも示します。

　ストーリーは、組織のWHYを見つけるというセッションをおこなう理由を実際のケースに結びつけるとともに、プロセスに集中して参加する人々が得ることになる利益も示してくれます。

　この時点で、オープニングストーリーの長さによっては10分程度話していることでしょう。そのくらいが十分な時間です。

　今度は、グループに発言の機会を与えます。全員に、横に座っている人とペアになるよう呼びかけ（もし人数が奇数であれば、3人でもよい）、この質問に対する回答を探ってもらいましょう。

・組織に加わったときのことを思い出してください。最もあなたが感銘を受けたことは何ですか。あなたを、この組織に毎朝向かわせるのは何ですか？

ファシリテーターへのアドバイス
参加者はたいてい、すでに知っていて、隣にいて気楽な人の横に座ります。知らない人同士も会話できるよう、席を変えることも効果的になります。

　各ペアに4〜6分与え、互いに思うことを共有してもらいましょう。最初に、ペアでは1人につき2、3分話す時間があると話します。この時間内に全員が話せるよう、時間が半分過ぎた時点で、パートナー両方が話さなければならないことをグループにアナウンスしましょう。

　このシンプルな作業で実りある会話が生まれます。それこそが私たちが求めているものです。

　第1の目的は全員が活動に参加することで、自分の周りで起こるワークショップを傍観することではありません。また、ストーリーを話せばたいてい感情的反応が引き起こされるため、この作業は、グルー

プをこれから起こることに備えさせる完璧な機会にもなります。

全員がグループ全体に向けストーリーを話す必要はありませんが、1人2人を指名し、彼らのパートナーが話したストーリーを共有してもらうのもよいでしょう。参加者はおそらくまだ気づかないでしょうが、これらのストーリーは、組織のWHYの基礎に繋がる可能性があります。

グループが集中してきたところで、ゴールデン・サークルのきわめて重要なコンセプトを説明し、残りのセッションの基礎を築きます。

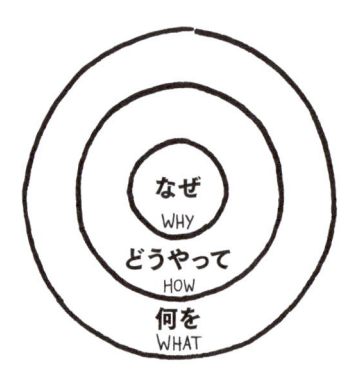

ゴールデン・サークルについては第1章で説明しています。もし、進行役として、ユニットのWHYを見つける章のみを読んでいるなら、今第1章を読むことを強くおすすめします。

目標は、全員にゴールデン・サークルの基礎を理解してもらうことです。以下は、ゴールデン・サークルの概要です。

• WHATは、製品、サービスなど我々が果たす仕事の役割です。HOWは我々を他と区別する価値、指針となる原理や行動のこと。WHYは、集団の存在意義など、組織が何を表しているかを定義するものです。

- 最も理解しがたいものを理解するために、まず一番簡単なものに取りかかろうとするのが人間の本性です。ゴールデン・サークルに関して、私たちの多くは、外から中へ（WHAT-HOW-WHY）考え、行動し、コミュニケーションをはかろうとします。しかし、人を動かす能力がある人びとは違うとらえ方をします。彼らは中から外へ（WHY-HOW-WHAT）考え、行動し、意思疎通をはかるのです。

- WHATは、我々の脳の「一番新しい」部分である新皮質に対応し、それは理性的で分析的思考と言語を担っています。

- WHYは大脳辺縁系にあたるもので、信頼や忠誠心という、私たちの感情を司どります。脳のこの部分は人間のすべての行動や決断をコントロールしますが、言語能力はありません。これが、私たちが複雑な生き物である理由です。これは心理学でなく、生物学的な事実です。

- 人びとは、あなたが何をするかでなく、なぜそれをするかに対価を支払います。

- 会社にパワフルなWHYがあると、顧客、クライアント、従業員、サポーターの信頼や忠誠心を仰ぎ、彼らは皆あなた自身の目的を応援することでしょう。

ゴールデン・サークルとWHYのコンセプトを紹介する前、している間、またはした後などのワークショップの初期段階で、グループのメンバーに反論されることは十分にあり得ます。私たちもそうでした。彼らは、「全体的に、ちょっとおかしいと思う」とか「これはビジネスの現実ではない」などと言うかもしれません。ここであなたは、彼らに新しい考え方をさせようとしていることを思い出し、現在彼らが置

かれている状況を理解してください。

　付録の「よくある質問」にて、頻繁に尋ねられる質問への回答をアドバイスしているので、精一杯回答しましょう。一番大切なのは、これらのメンバーに、プロセスを信じて、先入観を持たないよう伝えることです。

　もう一度言います。目標は、WHYを持つことの価値や正当性について誰かを納得させることではありません。目標は、彼ら自身がその結論にたどり着き、自分のグループのWHYを見つけることに貢献することです。

　次に、参加者に休憩を含む大体の時間の流れを示し、その日これから何をするかについての概要を説明します。残りのセッションは大きく2つに分かれ、それぞれに目標があることを伝えます。

・ ストーリーの共有：目標は、組織が他者の人生に貢献することと、その貢献が長期的にもたらす影響の両方が表された具体的なストーリーを集めることです。

・ WHYステートメントの下書き：目標は、参加者のストーリーに表れるテーマを取り上げ、それを使ってユニットにおけるWHYステートメントの最初の下書きをすること、つまり、その存在意義を書くことです。

大脳辺縁系：『Start with WHY』の第4章でこのトピックについて書かれている。

　最終目標では、「下書き」という言葉を強調しましょう。グループに、目標は75〜80パーセント完成したWHYを書くことだと伝えます。これは、WHYが私たちの大脳辺縁系から生まれるためです。完璧である必要はなく、行動可能であればよいことを説明します。この理由は、後で明らかになります。

WHYを見つけるプロセス

（🕐2〜2.5時間）

　個人的なストーリーを共有してテーマを見極めることは、個人、グループ両方のWHYを見つけるプロセスにおいて不可欠となります。

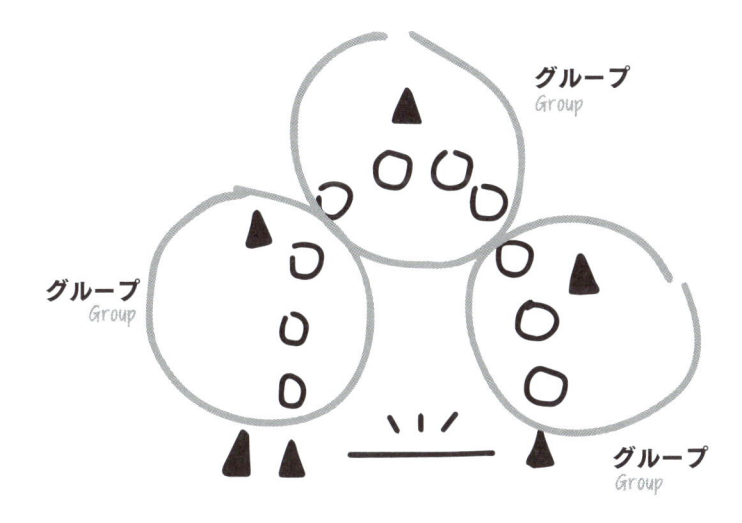

　ユニットアプローチでは、私たちが「3つの会話」と呼ぶものを用いてこれを実施します。

3つの会話

　かつてアップルは初期のスローガンで、「シンプルさは究極の洗練である」と宣言しました。

　これからおこなう会話はシンプルですが、簡単というわけではありません。難しいのは、参加者が自分の感情を言葉で表現するよう強いられることです。少数の人にとってこれは簡単かもしれませんが、ほ

とんどの参加者にとって、そういった会話には相当のエネルギーが必要となります。

このプロセスの間、求めている回答が得られなかったり、WHYに近づいていないと感じ、すべてがめちゃくちゃに思えるときがあるかもしれません。

しかし、プロセスを信じてください。この作業は、会話に出てくる言葉そのものでなく、部屋の中で生まれる感情に関するものであることを忘れてはいけません。

作業は、グループをほぼ同じ大きさの3つのチームに分けることから始めます。イメージとしては部屋を左右と後ろで分割します（前のページの略図を参照）。理想は、各チームに異なる役割、役職、性別、在職期間の人物がいるようにしましょう。

左、右、後ろに分けるアプローチではチーム内に十分な多様性が生まれないと思う場合、少し工夫してチーム分けをしましょう。しかし、全員を一列に並ばせ、それぞれの履歴書を審査したうえでチーム分けをすると言っているのではありません。グループの統計を大まかに把握すれば、大丈夫でしょう。

各チームにおける経験が多様であればあるほど、会話はよりエネルギーに満ちた積極的なものとなります。そして先ほど話したように、このグループに望むことは、通常とは違う考え方をすることです。初めて会う馴染みのない人々と作業することで、そのような考えは起こりやすくなります。

チームができたら、各グループをフリップチャートとイーゼルの周りに集合させましょう。椅子を近づけるのでなく、立ち上がり、それぞれのフリップチャートの周りに立つようにチームを促します。立つ

ことでエネルギーが流れ、プロセスがより活性化するのです。

　ここで、3つの会話それぞれの開始地点をチームに提示します。紹介しながら、各質問をスクリーンに映していきます。これにより、部屋の中の全員がそれを確認でき、必要な際に見返すことができます。

　各質問において、会話にどのように参加すればよいかを指示し、チームメンバー同士で話し合うための時間を与えます。

ファシリテーターへのアドバイス

グループには事前に質問を見せないこと。ここでは、参加者の頭に浮かぶ最初のアイデアを共有してもらうのが狙いです。前もって質問を与えると、参加者はおそらく考えすぎ、プロセスにネガティブな影響を与えることになるでしょう。

会話1：人との違い

（🕐20分）

この組織で働くことに

最も誇りを感じたときの

具体的なストーリーを語ろう

（これはお金や他の基準ではありません。あなたが受け取ったものではなく、与えたものを考えましょう。最高の状態にあるとき、この組織が何を意味するかを表すストーリーを話しましょう）

活動が影響力を持つのは、
指導者によるのではなく、
参加者によるものである。

**If a movement is to have an impact
it must belong to those who join it
not just those who lead it.**

———

ファシリテーターへのアドバイス

「組織」という言葉を「チーム」「グループ」「部署」やその他のふさわしい名称で呼んでもよいでしょう。しかし、その意味を外部へ拡大してはいけません。なぜなら、ここでは、組織の金銭的成果を求めているのではないからです。求めているのは、感情を引き起こす、より人間的でより意味深いものです。

チームが会話1の回答を話し合い始める前に、次の指針を提供しましょう。

・各チームは、メンバーが後で思い出しやすいように、1文や表現をフリップチャートに書きます。

・一般論はよくありません。求めているのは、特定の人びとの、特定の瞬間についてのストーリーであり、それは具体的であればあるほどよいものです。「私たちは仕事の質に誇りを持っている」は一般的すぎます。「ホリデーパーティーである女性に出会った夜、私たちが開発したがんの薬により彼女の息子の命が救われたと言われ、とても誇りを感じた。私はその部署で働いているわけではないが、私たちの仕事の重要性を改めて実感した」のほうが、より具体的で感情的なのでよいといえます。

・ストーリーで描写される結果は、大きくても小さくてもかまいません。たとえ1,000人に影響を与えていようと、1人にだけだろうと関係ありません。大切なのは、ストーリーが話し手に直感的で感情的な反応をもたらすことです。

・チームは、時間内に好きなだけ（最低3つ）の質の高いストーリーを思いつかなければなりません。

ファシリテーターへのアドバイス

上司が話し合いを支配することで、価値ある他の人のアイデアが共有されないチームがうまれてしまう場合があります。そうなり始めていると感じたら、立ち入って、自分のストーリーをまだ共有していない人たちに話すよう促しましょう。

　会話1は、よく耳にする類のものではありません。だからおそらく、困惑した顔を見かけるでしょう。しかし、心配はいりません。グループに少しの間、質問と向き合ってもらいましょう。

　いったんチームが話し始めたら、彼らが道を逸れないよう手助けをする心構えをしましょう。求められる発言の例として、ラ・マルゾッコチームがピーターとこの作業をしたときに共有したストーリーと、チームがフリップチャートにどのようにメモしたかの例を挙げます。

・「2009年、弊社は初の『枠を超えよう！』イベントを開催した。ここでは、サプライヤー、ロースター、バリスタ、他のコーヒー愛好家など、世界中からパートナーが集まった。非日常的な2日間で、私たちは考えやアイデアを共有し、ただ人生を祝福した。開催は1度限りの予定だったが、受け取ったフィードバックがとても素晴らしかったため、今では2年に一度のイベントとなった」
　■フリップチャート記入：
　「枠を超えよう！」イベント──人生の祝福

・「我々は、人を繋げることが大好きだ。最近、タンザニアのコーヒー農場で働く人びとの写真の展示会に協賛した。写真は非常に感情に訴えるもので、私たちは豆の産地と、その生産者との繋がりを強く感じることができた。テーマはコーヒーだが、もっと深いものがある。それは人びととの関係だ。展示会の収益の一部はコーヒー農場

コミュニティーを支援するために使われている」
■フリップチャート記入：
タンザニア写真展示会──農場コミュニティーの支援と関係の構築

・「我々はメキシコの、公的な高等教育を受けられる人が少ない地域の
コーヒーロースターと働いている。私たちの会社には、資格でなく、
その人物が誰であるか、その人が持つ情熱を重視して雇用をする方
針がある。これはとても大きな成功となり、その多くは上級職まで
上りつめた」
■フリップチャート記入：会社の雇用方針──情熱vs資格

・「ある空港で、20年間同じラ・マルゾッコのマシンを使い続けてき
た人に出会い、それはいまだに完璧に動くと言われた。使って捨て
ることが普通の世の中、自分の会社が卓越性、伝統、価値を貫いて
いることにとても誇りを感じた」
■フリップチャート記入：
ロイヤルカスタマー──卓越性、伝統、価値

 ## 報告：ストーリーを共有する

（◎25〜35分）

　時間が終了したら、各チームは上位2つか3つのストーリーを部屋の
中の全員に向けて発表します。「上位」というのは、チームのメンバー
が最も共感できたと言う意味で、そのストーリーは、大きな直感的反
応を生むものを選びます。
　どう感じたかを表現する方法は人それぞれです。鳥肌がたったり、
活き活きしたり、興奮したり、言葉に詰まったり……。ファシリテー
ターのあなたにとって、感情的反応は、より深く掘り下げるためのカ

ギとなります。語り手に、もっと感情について話してもらい、そのような強い反応を起こさせた具体的な要素を尋ねましょう。

ラ・マルゾッコの例に戻ってみます。語り手が組織の貢献に対する感情的繋がりを強めるために、ピーターであれば以下のような質問をしたでしょう。

- 「初めての『枠を超えよう！』イベントのフィードバックについてもっと教えてもらえるだろうか。人びとは何がそんなに楽しかったのだろう。彼らのコメントはどのようなものだっただろうか」

- 「展示会の写真について教えて欲しい。その中で特にあなたの目をひくものはあっただろうか。その写真の何がそうさせただろう。コーヒー農場労働者たちの人生で何が変わっただろうか。具体的な例を教えてほしい」

ファシリテーターへのアドバイス

WHYへは、WHATを通ってたどりつきます。たとえば、「**なぜ**それらの写真が特に気に入ったのだろう」などと「なぜ（WHY）」を尋ねる質問をするかわりに、「それらの写真の**何が**そうさせただろう」と尋ねてみましょう。「なぜ（WHY）」よりも「何（WHAT）」または「どのように（HOW）」を尋ねる質問のほうが答えやすくなります。

ストーリーの共有に使われる時間は通常20分ほどですが、会話はそれ以上続くことを覚悟しておきましょう。グループで集まり、数値以上のものについて考え、組織が他者に貢献するものをふり返る機会はそうないため、これは非常に価値ある会話です。

これが、ユニットのWHYを見つけるために4、5時間確保しなければならない理由です。会話をはずませるには柔軟になる必要があります。すべてのチームがストーリーを共有し終えたら、2番目の会話へ

と進みます。

会話2：あなたの貢献は何?
（⏱10分）

. . . .

各ストーリーにおいて、

あなたの組織が他者の人生に与えた

具体的な貢献は何だろう

. . . .

動詞/行動で表現すること。

新しいフリップチャートのページをめくり、先ほど分かれた3つの
チームそれぞれで、参加者が誇りを感じたストーリーから連想される、
貢献の本質となる動詞を書き出します。チームが作業を開始する前に、
以下を説明することでこの特定の作業の目標を明確にしましょう。

• 私たちの究極の目標は、ただの記述ではありません。行動可能な
  WHYを発見することであるため、動詞が重要です。

• 動詞は願望を表すものでは適当ではありません。会社内の人びとが
  何をやってきたかであって、何をやりたいかや、何になりたいか、
  ではないのです。

• 動詞/行動は、チームが先ほど見つけたストーリーのうち最低1つに

直接繋がっていなければなりません。この繋がりは必須です。それがなければ、行動はブランディングやマーケティング活動となり、「聞こえがよい」という理由で言葉が選ばれてしまう恐れがあります。グループに、その繋がりをはっきり表すストーリーで、動詞を裏付けなければならないと伝えましょう。

ファシリテーターへのアドバイス

会話が脇に逸れないようにする効果的な方法は、参加者に「このストーリーに私たちは登場し、_____ した。」という表現を完成させてもらうこと。空欄に動詞を入れるよう彼らに伝えましょう。

- チームは過去に起こったストーリーを考えるため、動詞はおそらく過去形になります。しかし、このプロセスの後の段階でもそれらを使えるよう、動詞の現在形を使用すること。

- 各チームは最低10個の、フリップチャート1枚が一杯にならない程度の動詞/行動を見つける。

この会話はたいてい非常に早いペースで進みます。通常10分あれば十分です。

以下は、ピーターがラ・マルゾッコのWHYを見つけた際、彼らのリストに書かれていた動詞/行動です。

参加する	感動を与える
豊かにする	信頼する
まとめる	人生を楽しむ
繋がる	愛する

報告：テーマを集める

（🕐10〜15分）

　各チームが動詞/行動のリストを書き終えたら、部屋全体のグループでシェアします。それぞれのチームのメンバー1人にそれらの言葉を読み上げるよう促しましょう。

　ここで、あなたは自分のフリップチャートを使います。動詞や表現を1つ1つ、部屋の前方にあるフリップチャートに書いていきます。他のチームの言葉も同じ紙に書きましょう。このページは後に、非常に重要になってきます。

　チームには、必ずすべての動詞や行動を読み上げてもらいます。たとえ他のチームが先に発表したものと同じ、または似ていてもです。すでにフリップチャートに書かれてある動詞や表現が出てきたら、重複して書かずに、そのままにしておきます。

　そして、その動詞や表現が繰り返される度に、横にアスタリスク（星印）を1つ書いていきます。

　ときに2つのチームから、似ているけれどまったく同じではない表現が出てくる場合があります。たとえば、片方は「創造力を育む」と言い、もう片方は「自由な発想を促す」など。両者が同じようなことを考えているというのはよいことです。これは、彼らのストーリーが組織において、一貫したテーマを意識しているということです。

　可能であれば、2つのチームの言葉を合わせたバージョンにしてみましょう。そのバージョンをフリップチャートに記録し、アスタリスクで印をつけます。この報告のプロセス全体には、通常10分ほどかかります。

　今、部屋の前方にはフリップチャートのページ1枚があり、そこに

は、読み上げられたすべての動詞と行動が、繰り返されたものはその回数を示すアスタリスクとともに書かれているはずです。一歩さがってリストを見ると、数々のテーマが見えるでしょう。

たとえばラ・マルゾッコのフリップチャートでは、「参加する」「繋がる」「まとめる」からあるテーマが浮き上がりました。「豊かにする」「人生を楽しむ」から見えてくるテーマもあります。これらのテーマの本質は、その裏にあるストーリーで深く感じることができるのです。

休憩

（🕐15分）

休憩で、参加者の集中力をコントロールすることは重要です。グループが勢いを失わないよう、休憩は長すぎてもいけません。まったく同じグループやセッションは1つとして存在しないため、ファシリテーターとしてのあなたの仕事は、休憩にちょうどよい時間を設定することです。

私たちは通常、会話2のあとに1回休憩を設けます。何がベストかを決めるのは、ファシリテーターのあなた。部屋が適切にセットアップされ、軽食や飲み物が用意されていると、時間どおりに休憩をとりやすくなります。

会話3：あなたの影響は何?

（🕐15分）

休憩のあとは、チームに戻って会話3にとりかかってもらいます。この時点ではたいてい、部屋はとても騒がしい状態にあるでしょう。

人びとは、自分がおこなう仕事に対して今までと違った、より意味のある方法で繋がり始めているはずです。この3つ目の会話は、その

繋がりを深めるようデザインされています。

. . . .

あなたの組織の貢献は、
他者が何を行動し、
何になるよう促したか？

. . . .

（あなたがベストな状態にあるとき、あなたの組織と関わることで他者の人生がどう変わったかについて考えましょう）

　人びとが回答を考える間、会話1からのストーリーを振り返るよう指示します。ここでも目標は、各チームが、彼らが表した貢献がもたらす影響に焦点を当てることで、先ほどのストーリーを発展させることです。ストーリーの中の具体的な人物について考えるよう彼らを促します。それらの人物は、組織の活動により何を行動し、何になることができたでしょうか。

　グループに、これは数値や他の基準ではないことを念押しします。ここで求めているものは、より大きな影響、つまり真に人間的な影響です。彼らの回答が直感的、感情的になり始めたとき、それに近づき始めたことがわかるでしょう。

　新しいフリップチャートのページを使い、彼らにこれらの貢献の影響を表す文や表現を記録してもらいます。

ファシリテーターへのアドバイス
人びとはこの会話を始めると、自分や自分の組織が他者の人生に与え

た影響を過小評価することがあります。自分の競合についてや、それらの会社がどうやって同じことをするかについてなど話し出すかもしれません。

このような場合は、彼らにストーリーを思い出させること。競合には似たWHATがあるかもしれませんが、同じWHYをもつストーリーはありません。ユニットアプローチは、競争のためのものではなく、その組織が何を信じるか、なぜ存在するかを明らかにするものです。他より際立つ前に、まず自分たちが何を表すかを明確にしなければなりません。

これが実際はどういったものかを、ラ・マルゾッコのグループが組織の影響について語ったいくつかのストーリーから見てみましょう。彼らの会話1からのストーリーを再度、会話3への回答と一緒に載せ、2つの繋がりがはっきりと見えるようにしてあります。

（ここに書かれてある回答は、チームのフリップチャートに求められるものよりも具体的です。当初のコンテキストからグループの回答をやや発展させ、あなたが読んでもわかりやすいようにしてあります。）

• **「2009年、弊社は初の『枠を超えよう！』イベントを開催した。ここでは、サプライヤー、ロースター、バリスタ、他のコーヒー愛好家など、世界中からパートナーが集まった。非日常的な2日間で、私たちは考えやアイデアを共有し、ただ人生を祝福した。**

**　開催は1度限りの予定だったが、受け取ったフィードバックがとても素晴らしかったため、今では2年に一度のイベントとなった。**

　このイベントで芽生えた関係で、セルビアとカタルーニャに拠点をおくバリスタで、バルセロナにコーヒーショップを所有するアンドリヤがある。彼女のコーヒーショップは、起業家たちが新しいアイデアを生み、ビジネスを立ち上げるために集まる場所となった。

　このことはセルビアに同様な店を作るようアンドリヤを動機づけ、その後いくつもの新しいビジネスのきっかけを作り、地域のコミュニティーに大きな変化をもたらした。『枠を超えよう！』イベントがおこなわれていなかったら、このすべては起こっていなかったのだ。」

・「我々は、人を繋げることが好きだ。最近、タンザニアのコーヒー農場で働く人びとの写真の展示に協賛した。写真は非常に感情に訴えるもので、私たちは豆の産地と、その生産者に繋がりを強く感じることができた。

　テーマはコーヒーだが、もっと深いものがある。それは人びととの関係だ。展示会の収益の一部はコーヒー農場コミュニティーを支援するために使われている。

　集められた資金は、写真に写る一人の女性エリザベスと、彼女の仲間のコーヒー摘み取り労働者の生活の質に大きな変化をもたらした。しかし、展示会の影響はそれだけではない。摘み取り労働者たちが行う仕事についての意識や感謝が高まりもした。結果、彼らは以前よりはるかに尊重され、充実感を感じている。」

・「我々はメキシコの、公的な高等教育を受けられる人が少ない地域のコーヒーロースターと働いている。私たちの会社に、資格でなく、その人物が誰であるか、その人がもつ情熱を重視して雇用をする方針がある。

　これはとても大きな成功となり、その多くは上級職まで上りつめた。たとえばエミリオはヘッドロースターになり、その職のおかげで彼は家族を貧困から救うことができた。当初の機会はエミリオの人生を変革させ、彼の周りの人々にも刺激を与え、彼らに以前は見えなかった可能性が見えるようになった」

会話3を話し合うのに、チームに合計15〜20分与えます。この時点

でのファシリテーターのあなたの役割は、一歩ひくこと。チームが順調に話し合いを進めるために手助けが必要なときだけ介入します。

この会話は、参加者にとても強い感情的反応を引き起こすでしょう。厳格なビジネスマンたちが、彼らが仕事を通して起きた変化について考える機会を与えられたとき、目に涙を浮かべる姿を私たちは見てきました。

ワークショップでは冷静で感情的ではなさそうに見えた人が、後でどれだけ感動したかをあなたに伝えにくるということもあるかもしれません。

人びとがこういう感情を経験するとき、自覚があるかないかにかかわらず、彼らと組織のWHYとの繋がりは強まっているのです。

 報告：影響を把握する

（⏱20〜30分）

話し合いが終わったら、他のワークと同様、チームは会話3の回答を他のグループと共有します。ここであなたはより積極的な役割を果たさなければなりません。

全集中力をもって参加し、聞き、まとめるのです。残りの作業には20〜30分かかります。

共有を始めるにあたって、部屋の前方に2つの新しいフリップチャートを用意します。これには十分なスペースが必要です。

各チームに、会話3の結果を発表するよう伝えます。あなたの仕事は、それぞれの回答から、行動の影響、つまり他者の人生に起こした変化を要約する1文を聞き取ることです。これらを2つのフリップチャートにメモし、全員見えるようにすること。会話2と同様、チーム

が似たような影響結果を発表した場合は、それらの発言をまとめるか、アスタリスクで印をつけます。

　あなたの仕事は、その影響と基となるストーリーを、全員が思い出せるような表現でまとめることです。ラ・マルゾッコの例では、次のようになるでしょう。

- コミュニティーを立ち上げる。（アンドリヤのコーヒーショップが新しいビジネスを促進する）

- 人々がより尊重されていると感じ、人生に充実感を覚える。（エリザベスとコーヒー農場）

- 今まで見えなかった可能性に人びとが気づき始める。（エミリオがヘッドロースターになる）

　すべてのチームが共有し終えたら、セッションでおこなわれたすべての発表をまとめます。

　会話2から生まれた動詞/行動が書かれたフリップチャートのページ1枚、会話3から生まれた影響結果が書かれたフリップチャートのページ2枚です。部屋の前方にそれらのフリップチャートを配置し、全員に見えるようにします。これで、次に進むために必要なものすべての準備ができました。次はWHYステートメントの下書きです。

WHYステートメントを下書きする

（🕐35〜40分）

　プロセスの次のステップは、グループが、3つの会話から引き出された動詞/行動と、影響結果を、2つの候補となるWHYステートメントへと変えることです。

　これらを後に発展させ磨きをかけるため、私たちは「WHYステートメントの候補」と呼びます。

グループが素晴らしいことを
成し遂げる能力は、
メンバーがどれだけ
団結できるか次第だ。

The ability of a group of people
to do remarkable things hinges on how well
those people can pull together as a team.

WHYステートメントの書き方

（⏱5分）

　もちろんグループのメンバーは、WHYステートメントがどのようなものかを知らずにそれをつくることはできません。なので、進行役としてのあなたが最初にすべきことは、見本を見せること。フリップチャートやスライドを使い、グループにWHYステートメントの基本的構造を説明しましょう。

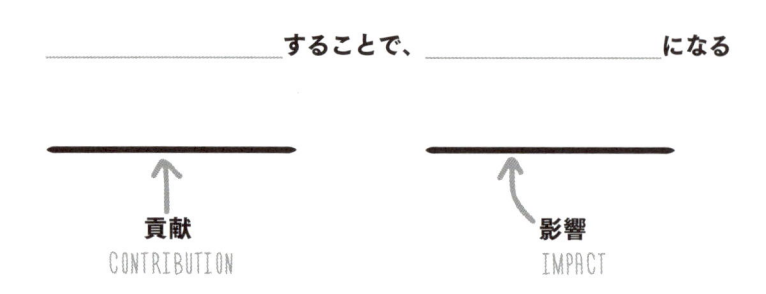

＿＿＿＿＿＿＿＿＿＿＿＿＿**することで、**＿＿＿＿＿＿＿＿＿**になる**

貢献
CONTRIBUTION

影響
IMPACT

　これはWHYを表現する唯一の方法ではありませんが、スタート地点としては最適な方法だと説明します。
　各空欄が実行可能なWHYの要素を表しています。この形式であれば、全員が最も重要なものに集中できるのです。

　WHYステートメントは2つの主要な要素に分けることができます。最初の要素「＿＿＿＿＿することで」は、組織やグループが与える貢献。2番目の要素「＿＿＿＿＿になる」は、その貢献が他者にもたらす影響や効果を表します。
　多くの人は、3つの会話から得られたものとWHYステートメントの構造の関係をすぐに理解できるでしょう。しかし、全員に等しく理解してもらうため、グループ全体に向け、声に出してその関係を説明し

てください。

　こう話してみましょう。

　会話1と会話2は、WHYステートメントの貢献の要素にあたります。会話3は影響の要素。部屋の前方にあるフリップチャートの言葉や表現は、空欄を埋める材料となります。この簡単なWHYステートメントの形式では、私たちが住みたいと願う世界（影響の要素）が表され、それを実現するために私たちが月曜日の朝にとるべき行動（貢献の要素）が示されているのだ、という風に。

WHYステートメントの候補をつくる

（🕐25分）

　グループを、均等に2つのチームに分けます。別々に作業をしながら、各チームは新しいフリップチャートのページにWHYステートメントの候補を書き、部屋の全員に向け提示します。次の手順を使い、開始する前にやり方を説明します。

　まず、WHYステートメントの「貢献」要素を書くために、各チームは、先ほど発表された動詞や行動が箇条書きされた部屋前方のフリップチャートを参考にします。

　チームのメンバーは一緒に、彼らが組織として与える貢献を最も適切に表す動詞や行動が何かを決めます。これが彼らのWHYステートメントの候補の貢献部分になります。

　このとき、辞書で定義されるこれらの動詞と行動の意味にとらわれないことが大切です。重要なのは、それらの言葉が刺激する感情です。

　これにとりかかる際、フリップチャート上にある他のテーマが無駄

になってしまうことを心配しないよう伝えましょう。それらのテーマの中には、彼らが誰であるかを表現していながらも、完全にしっくりこないものがあるでしょう。これらのテーマは後にHOWに取りかかる際に役に立ちます。現時点では、各チームは似たような動詞や行動から、直感的レベルで深く共鳴できるものを1つ選ぶことに集中します。

次に、部屋の前方のもう1つのフリップチャートに書かれた影響結果を振り返ります。彼らはそのリストから、WHYステートメントの候補の「影響」部分を選び出さなければなりません。

各グループの目標は、他のチームに「これでいこう!」と言わせるほど心を動かすWHYステートメントの候補を書くことです。

部屋の前方のフリップチャートに書かれている言葉や表現を使わなければいけないことを再度念押しし、各チームに1つWHYステートメントの候補を書いてもらうために25分与えます。WHYステートメントが、フリップチャート上の材料でつくられることは絶対条件です。そうでなければ、参加者はありきたりの夢いっぱいの言葉や、ブランディングまたはマーケティング的姿勢に陥ってしまうことでしょう。

ファシリテーターへのアドバイス

チームがこの作業を始めるにあたり、特定の言葉の意味について議論が起こるかもしれません。もしそれが起こった場合、彼らを言葉の裏にあるストーリーと、そこに眠る感情に引き戻すこと。重要なのは、その言葉の辞書の定義ではありません。より大切なのは、それらの言葉自体が意味するものより、チームにとって深い感情の刺激を与えるものです。

　各チームが目標に集中できるよう、WHYステートメントの候補はフリップチャート上の2つのストーリーと関連させてつくらなければならないと伝えます。

　この作業の時間は30分ほどで十分でしょう。短かめに設定しているのは、参加者に直感（つまり、大脳辺縁系）に従い、考え過ぎを防ぐためです。

　結局、この時点での目標は最終的なWHYステートメントにたどり着くことではなく、それに向けて1歩踏み出すことです。少し時間を短めにすることで、参加者が感情を頼りにすることも理由にあります。時間が足りないかもしれないという不安から、「あぁ、ちくしょう！」などと言いながら、彼らは正しいと感じるものを選ぶことでしょう。

 報告：
WHYステートメントの候補を発表する

（ 5〜10分）

　チームのプレゼンテーションは短くなくてはなりません。1チームにつき最大2分。各チームは次の2つのことを行う必要がありますが、それ以上は不要です。

- WHYを述べます。（説明や詳細なしに）

- ワークショップですでに共有された、WHYが最もよく表れている2つのストーリーに繋げます。こうすることで、WHYが本当の彼らの姿に基づいており、ストーリーによりWHYがうまく伝えられるということが示されます。

ファシリテーターへのアドバイス

各チームが発表する際、他のチームの誰かに彼らを撮影してもらうよう頼みましょう。しゃれたものは何も必要ありません。スマートフォンやタブレットのカメラで十分。プレゼンテーションを録画することで、チームの意気込みも少し増すでしょう。またそれにより、今後の参考用にWHYを見つける体験を保存しておくことができます。

2チームがWHYステートメントの候補を発表し終えたら、グループはどちらか1つがWHYをより適切に表していたと考えるかもしれません。これは実際ラ・マルゾッコに起こったことです。1つの候補に賛成一致した場合、そのステートメントが、グループが今後発展させることになるWHYステートメントの下書きとなります。

ときに、参加者の大多数が、2つのWHYステートメントの候補を統合させることでWHYが最も適切に表現されると感じることもあります。覚えておいてほしいのは、現段階での完璧さは全く求めていないということです。

先ほど述べたように、このワークショップの目的は75〜80パーセント完成しているWHYステートメントをつくり出すことです。そのため、私たちはこれを下書きと呼びます。WHYを見つけるセッションが終わったあとでも、会話を続行してほしいのです。

WHYステートメントの下書きまでたどり着いたら、チームはまだ何か作業を続けなければならないと感じているでしょう。その場合は、ステートメントに引き続き取り組みたいボランティア（多くて6人が理想）を募ります。このボランティアはこれから2週間、WHYステートメントに磨きをかけるために集まることになります。

これだ!　と感じる言葉を見つけるのには時間がかかるかもしれません。それが普通です。最も大切なのは、WHYステートメントの下書きが実行可能であるということです。

　WHYステートメントが段階的に発展していく例をここに示します。最初の2つは、シンプルで明確、行動可能でWHATが存在せず、他者への奉仕に焦点が当てられ、グループが共感できる肯定的言葉で書かれている、正しい形式です。

- 人びとを信頼することで、自分自身を信じるよう彼らを促すことができます。

- 尖った考え方をするよう人びとを刺激することで、彼らが新しい可能性に目覚められます。

　次に、目標にほぼ到達しているもの2つ。

- 自分自身を常に向上させることで、迫りくる困難を乗り越えるに十分な準備ができます。

- 世界でよいおこないをし、人びとがスキルを発達させ常に学習し、明確な方向性／ビジョンを意識できるよう助けることで、彼らが自分自身、家族、コミュニティーのために効果的に、うまく多くのことを達成できます。

　これら2つをどのように改善できるかがわかるでしょうか？　1つ目は、他者についてではなく「自分たち」について述べられていること。2つ目は他者についてだが、覚えるどころか行動に移すには複雑すぎること。

　そして最後に、もっと磨きを要する2つ。

- 私たちのリーダーをサポートすることで、彼らが持続可能なビジネスを実現し、より多くの利益を上げられます。

- クライアントの資産管理を全面的に手助けすることで、できる限りの資産管理が行われているとクライアントが安心できます。

これらの2つとも、WHYよりはるかにWHATに焦点が当てられています。

WHYを見つけることは、目的地と同じくらい、そこまでの道のりも大切です。プロセスにおいて私たちは、WHYとの感情的繋がりを築き、WHYを偽りない、真実で長続きするものにすることができます。

WHYを見つけるセッションの後の数か月、または数年の間、組織のWHYステートメントが少し変わることはあるでしょう。変わってはいけないものは、その言葉の裏にある感情です。

***

セッションを締めくくる

（⏱10〜15分）

WHYを見つけるプロセスは多くのエネルギーを生みます。セッションの終わりには、多くの人が闘志に燃え、WHYを発展させることに意欲を感じてているでしょう。彼らがその勢いを活かす手伝いをすること。

WHYステートメントの下書きが決定されていなくても、WHYを見つけるセッションの最後に、参加者が彼らのWHYをどのように実践できるかを話し合うとよいでしょう。以下は、WHYを日々のビジネスで

活かすいくつかの方法です。

- WHYに調和して行動する人びとを見たとき、それを認識し、彼らを称賛する。

- 決断を下すとき、考えをシンプルなフィルターにかける。「これを選択することで、私たちはWHYに調和した生活に近づくことができるか?」と尋ねる。それに従い、行動する。

- HOWとWHATを、WHYの文脈に置き換える。新たな作業を与えたり新しい戦略を実施するとき、それらにどのようにWHYが表れているかが人びとにわかるようにする。

- 自分がリーダーであることを意識する。日頃から、「リーダーとして今日、私たちのWHYを目に見える形にするために何をおこなったか?」と自分に尋ねる癖をつける。

- 組織の全員に、それぞれが自分自身のWHYを見つけ、それがどのように組織のWHYの一部になるかを知る機会を与える。

　ユニットのWHYを見つけるために私たちが使用するステップは、これですべてです。よくおわかりのように、ファシリテーターの役割は、ただステップに従うことよりももっと大きなものです。それは科学的であるとともに、アートでもあります。経験して初めて、このプロセスを自分だけのものにするためのバランスを見つけることができます。
　ユニットのWHYを見つける手助けをすることは、私たちに大きな充実感をもたらしてくれます。私たちは多くのWHYの発見を手助りしてきましたが、WHYを見つけたがっている人びとでいっぱいの部屋の前に立つときはいつも緊張するものです。

　こういった状況で、私たちは深呼吸をし、部屋の中にいる人びとに奉仕する立場であることを再確認します。熟練のファシリテーターになることは、いつステップに従い、いつ自分の直感を信じるべきかを知ることでもあります。絶妙なバランスとは、各ユニットがWHYを見つけるまでの彼らの道を見つけることです。

　付録3に、このセッションを進行させる際の主要なポイントを書き出してあります。初めてのWHYを見つけるワークショップをおこなう際の準備に、それらを参照し、自分のメモを加えるとよいでしょう。

　幸運と、さらなるインスピレーションを！

HOWを述べよ!

State Your HOWs

ここまでは、個人または組織のWHYステートメントを表現することに焦点を当ててきました。この章の目標は、自分のゴールデン・サークルを完成させることです。

ゴールデン・サークルは3つの部分で構成されます。WHY（なぜ）、HOW（どのように）、WHAT（何を）の3つです。すべての要素は同じくらい重要です。これら3つのバランスがとれているとき、私たちは自然に最高の状態にあるのです。自分のWHYを心から生きているということです。

私たちのWHYは、私たちの存在意義で、私たちがおこなうすべてのことの原動力となるものです。

HOWは、WHYを実現させるために、私たちが最高の状態にあるときにとる行動です。WHATはWHYが形となって表れたもので、私たちが毎日実際おこなう仕事です。他の個人や組織があなたのWHYと似たWHYを表現するかもしれませんが、あなたをユニークにするのは、あなたがそれをどのように行動に移すか、つまりHOWです。結果的に、あなたのWHYとHOWの組み合わせは、あなたの指紋のように、あなただけにしかないものになります。

WHYステートメントと同様、HOWは願望ではありません。それは私たちが誰になりたいと願うかを表すものではありません。それは、私たちが最高の状態にあるときに、私たちが実際どのように振る舞うか、つまり、実際におこなうことを表します。自分が活き活きとしていられる環境をつくるために、日々できる行

動です。

　HOWは、WHYを見つけるプロセスであなたが書き出したテーマから生まれるため、HOWを表すための基盤はすでにできています。

　WHYステートメントに使用されなかったテーマは、あなたのHOWの基礎となり、理論から行動へと私たちを導いてくれます。

あなたのHOWはあなたの強み

　個人や組織のWHYを見つけるプロセスにおいて、いくつかのテーマが見つかったでしょう。これらのテーマはあなたの強みです。パートナーやファシリテーターに助けられ、最高の状態にあるときのあなたやあなたの組織の大部分を成す、あなた自身さえも気づかなかったテーマが見つかったに違いありません。
　これらの行動はあなたにとって非常に当たり前なため、「だからどうした?　そんな状況では、誰もがそうしたんじゃないか?」と思えるかもしれません。
　実際、一人ひとりの個人または一つひとつのユニットによって、大切にしているものや、その価値のために私たちがとる行動は大きく異なります。

　パートナーまたはファシリテーターとして私たちが特に好むことは、人びとに、自分が真の意味でユニークであり、ワールドクラスであることに気づいてもらうことです。それは彼らが一歩さがり、パターンを見

て、自分がどれだけ素晴らしい存在かを認識する瞬間です。

　あなたのHOWは、あなたが最高の状態であるために必要な材料です。同時に、それはあなたの成功に必要な手段で、強みでもあるのです。これは個人にもユニットにも同様に言えます。

　これをもっとよく理解するために、個人の視点からHOWを見てみましょう。社交的動物である人間は、常に1人で行動するわけではありません。私たちは生きのび栄えるために、他者を必要とします。近い存在にある人びとのWHYやHOWを知ることはとても大きな利益をもたらしてくれます。

　私たちの会社には、人びとが自分の強みを生かすことに重きをおいた企業文化が存在します。これは自分の弱みについて知る努力をしないという意味ではなく、自分に自然に備わっていないものを習得しようとするより、他者の強みに頼ってチームを組むことに焦点を当てているのです。

　たとえばデイビッドのWHYは、「前へ進むよう人びとを駆り立てることで、それぞれが世界に自分の足跡を残せるようになる」です。彼のHOWは、

・広い視野を持つ
・責任をとる
・異なる見方を模索する
・蝶結びをする（始めたことは終わらせる）
・すべての経験から学ぶ

　ピーターのWHYは、「人びとが並はずれた人間になることで、並はずれたことをできるようになる」です。彼のHOWは、

- シンプルにする
- バルコニーで起きる（つまり、より広い文脈を見る）
- 新しいアイデアを取り入れる
- 関係を構築する
- 境界線を広げる

　私たちのWHYステートメントは調和しています。目的、動機、信念は違う言葉で表現されていますが、2人とも他者が自分の最高のバージョンになる手助けをすることに全力を尽くしています。

　このように調和しているため、ともに働くことにやりがいを感じられます。しかし、2人の異なる強み、互いを補うHOWにより、私たちは1人のときよりも2人一緒のほうが、はるかに大きな影響をもたらすことができるのです。

　以前あるクライアントに、私たちが通常40人に対しておこなうワークショップを150人で実施してほしいと依頼されたことがあります。できると思いましたが、最もよい結果を出すためには丸1日必要だと感じました。
　ところが、このクライアントは4時間しか確保できませんでした。私たちは最初、到底無理だと思いまし

た。しかし、結局私たちはこれを、150人が自分の最高のバージョンになる手助けをするチャンスとみなさずにはいられなかったのです。(上記の2人のWHYステートメントを参照!)

時間内でワークショップの参加者の注意を引きこみ心を動せるよう、このチャンスを最も有効に活用しようと、HOWを出し合いました。

2人が直感的に感じたことは、状況をはっきりと把握したいということです。デイビッドの「広い視野をもつ」とピーターの「バルコニーで起きる」は、本質的に似ています。2人とも、行動の前に戦略をたてることを重んじているのです。戦略をたてるには、私たち2人とも必要であったため、ここが私たちの強みだったことは幸いでした。

これを成功させるためには、2人とも自分のコンフォートゾーンをはるかに抜け出す必要がありました。いつもおこなってきたことを、まったく違った方法でやらなければならなかったのですから。

ピーターは「新しいアイデアを取り入れる」ことがうまく、それに積極的でしたが、その日窮地を救ったのはデイビッドの「異なる見方を模索する」能力でした。

デイビッドは、人びとがパワフルで革新的な経験を味わえるよう、まったく型にはまらない方法で材料を使うことにおいてワールドクラスでした。

　成功への方法を手にしたら、次は大きな挑戦が待っていました。私たちの方法は、とても複雑だったのです。このワークショップを成功させるための不確定要素の数には圧倒されるほどで、細部は入り組んでいました。これをどのようにクライアントに届けるか?　答えはシンプル。シンプルにするのです。

　ここで、ピーターが「シンプルにする」を先導し、全員が計画をはっきりと理解し、それに協力できるようにしたのです。結果、通常よりはるかに多くの観客に対しワークショップをおこなうことができ、私たちは大きな充実感で満たされたのでした。

　それは、私たちが、人びとを前進するよう駆り立て、彼らが人生に対し並はずれた姿勢をとるという WHY を実現させることができたからです。

　この話はシンプルすぎる、と思っているでしょう。実際、チームを組むというのは大変複雑なことです。めちゃくちゃで、台本はなく、人間くさいものです。とはいっても、私たちの HOW は、互いの強みに目を向けさせる共通の言葉であり、ものごとを終えるためにチーム内で協力し、チームメイトに頼ることをより容易にしてくれます。

　肝心なことは、私たちが自分の強みに集中して他者の強みを頼りにするとき、不可能なことが可能になるということなのです。

リーダーの最大の貢献は、他者をリーダーにすることである。

The greatest contribution of a leader is to make other leaders.

———

フィルターとしてのHOW

　私たちのHOWが明確になるとき、私たちが自然に最高の状態でいられる環境に身を置き、そういった環境をつくり出すことが可能になります。私たちが住む世界は完璧ではありません。すべての状況でこれをすることは不可能ですが、重要なのは一人ひとりが他者に最高の影響をもたらす機会を探し、充実感を得ることです。

　パートナーとなる人や、引き受けるプロジェクト、働くと決めた組織が私たち個人の価値に合っていることを確かめるため、自分のHOWをフィルターとして使うことができます。

　HOWをシンプルで、行動可能な方法で決めたあとは、実際にそれらが何を意味するかを明確にするために、ポイントをいくつか箇条書きするとよいでしょう。加えられた内容はあなたと、あなたに協力する人びとの役に立ちます。個人の例を再び取り上げますが、サイモンはこのようにおこないます。

サイモンのHOW

1. 型にはまらない見方をする
   - 物事を違う角度から見る。物事を違うやり方でおこなうことに積極的になる。
   「他に、できればもっとうまくこれをおこなえる方法はあるか?」と尋ねる。

- 何かを試してみる。うまくいかなければ、他のことを試す。

2. シンプルさを保つ
   - 物事がシンプルなとき、誰でも理解できる。10歳の子供が理解できそうならば、準備は万端。
   シンプルな言葉とシンプルなアイデアは理解されやすく、実行しやすい。

3. 明るい面を見る
   - すべての状況とすべての人に、何かポジティブなものを見いだす。

4. すべてを共有する
   - アイデアや感情を共有する。他者にも共有するよう促し、教える。
   自分のアイデアを、それが完璧でなければ特に、共有する。「最悪の」アイデアさえも発展させられる。
   - 共有しなければ、他者は自分が感じていることや何を望んでいるかがわからない。

5. 長期的なものに焦点を当てる
   - 自分たちよりも長く残るものを作り上げる。
   - 気まぐれな数値や日付を設定するよりも、勢いや動向に焦点を当てる。

　サイモンは彼のHOWを日々実践します。彼は新しいプロジェクトや機会において、WHYを精一杯生きら

れるかどうかを見極めるためにHOWを使っています。

何年も前、あるリーダーがサイモンに、人を第1に重視する組織をつくる手助けをしてくれないかと依頼してきました。サイモンはすぐさまこのリーダーに好感をもち、その提案に興味をかき立てられたのです。覚えているでしょうか？　サイモンのWHYは、「やる気になれることをするよう人びとを鼓舞することで、人びとが共に世界を変えられるようになる」です。

サイモンは人びとが最も重視される企業風土は、従業員と顧客の両方の心を動かすことをわかっています。同時に彼は、人が一番の組織をつくるために、組織の考え方だけでなくシステムやプロセスも変える手伝いをするのは容易ではないことも知っています。

この協力体制は、成功するためには長期的なものでなければなりませんでした。そこでサイモンは、互いがうまく協力し合えるかどうか見定める必要があると思ったのです。サイモンとこのリーダーはWHYのレベルでは足並みが揃っていましたが、これは第1のフィルターにすぎませんでした。

サイモンはこれがうまくいきそうだという感じを抱き、このリーダーに、2人がどのように協力し合っていけるかを尋ねることに時間をとりました。

面白いことに、この重役はイニシアチブがどのようにとられるかを具体的に示した複雑な図を提示してきました。彼はサイモンに、彼の役員会がこれに投資する場合、早急な結果が求められると説明しました。

すぐに危険信号が点滅し始めました。その複雑な図は、「早急な結果」と相まって、長期的な成功には繋がりそうにはなかったのです（「HOW5：長期的なものに焦点を当てる」参照）。サイモンは懸念を表し、リーダーに「早急な結果」が何を意味するのかを尋ねました。もし役員会が最初の数か月でものごとが正しい方向に動いているのを確認したければ、サイモンはそれを測るための基準を見つけることができるのではと感じていました。

サイモンは、このリーダーと協力体制を組むなら、彼と役員会がまったく新しい視点を持つ必要があると説明しました（「HOW1：型にはまらない見方をする」参照）。求める変化を実現するには、彼らは以前とは違ったアプローチを積極的にとらなければなりませんでした。

結局、複雑さ（「HOW2：シンプルさを保つ」参照）、スケジュール、リーダーの考え方により、両者は互いにふさわしくない者同士であることがはっきりとわかることになったのです。

これは大きな組織で、多くの人の人生に関わる絶好のチャンスでした。この時期はサイモンがキャリアを始めて間もない頃で、クライアントのリストにこの組織が載れば見栄えはよかったでしょう。しかし、しっくりこなかったのです。

サイモンは経験から、両者にとって困難になることがはっきりしている関係に積極的に身を入れるよりも、そばでこの企業を応援するほうがよいとわかっていました。なぜならその環境では、彼が自然に最高な状態

ではいられないからです。サイモンはこのリーダーが本気で自分の組織を変えたがっていることを信じていたため、もっと彼に合う可能性がある自分の知人を何人かを紹介しました。

　重要な決断を下すとき、自分のHOWをフィルターとして使い始めましょう。すべての関係、プロジェクト、パートナーシップがあなたのHOWに完全に一致するわけではありませんが、どこで困難や不安が起こるかがわかるようになるでしょう。それらを知ることで、起こり得る問題を前もって話す機会ができ、あなたとあなたが協力する人びとに、協力体制を成功させるための最高の環境を提供することができます。

　これは逆の方向にも働きます。あなたが不満を感じるとき、「ただしっくりこない」けれど「それがなぜかはっきりわからない」とき、HOWを使い、何がずれているのかを見つけてみるとよいでしょう。
　ただHOWのリストに目を通すだけで、何があなたに合っていないかをすぐに言葉で表せることもできます。自分の不満を言葉にすることで、ものごとを再び軌道に乗せるために必要なものを要求しやすくなります。

　『Start with WHY』では、張り詰めた空気を経験しているチームメンバーに、彼らのゴールデン・サークルだけでなく、彼らが不満を感じている同僚のゴールデン・サークルも見るよう促すようにしています。各チームメンバーのゴールデン・サークルを他のチームメ

イトも見ることができ、いつでも、どの同僚のWHY
やHOWでも覗くことが可能なのです。

　すると、ある人について最も嫌だと感じることが、
その人の強みだったりするのです。

　他の人のゴールデン・サークルを見ることで私たち
は共感でき、チームメイトの才能に感謝することがで
きます。それにより、張り詰めた空気について共通の
言葉で話すことが可能になり、そこから素早く抜け出
すことが可能になります。他の多くのツールのように、
自分のHOWについて話す練習をし、それらをツール
として使えば使うほど、よりうまく使えるようになる
のです。

会社の価値 vs HOW

　組織のHOWを表現するという基本的プロセスは、個
人的なアプローチによく似ています。ユニットのHOW
は、WHYを見つけるプロセスで出てきたテーマから生
まれた指針です。

　それでも、私たちがユニットのWHYを見つけるた
めに招かれたとき、組織はすでに公認された価値をも
っています。多くの場合、会社の価値が大きな文字で
壁に書かれていても、それが何を意味するかを知って
いるのは少数だということがすぐにわかります。

　組織の異なる階層にある少数の人びとに、彼らの中
心的価値である「誠実さ」が何を意味するかを尋ねる
と、その人数と同じ数の異なる答えが返ってきますが、
それが決定的な証拠です。

　私たちの多くは、すべての会議室の壁に会社の中心的価値を掲げている会社で働いたことがあるでしょう。そこにあるのは、「正直」「勤勉」「多様性」そして、「誠実さ」などのありきたりで抽象的な用語です。これらの価値はすべてよいものですが、HOWではありません。

　ほとんどの会社は、組織が最高の状態にあるときにどう機能するかを理解したうえでの中心的価値を教えていません。

　中心的価値はたいてい願望を表しています。それは会社が表している実際の質よりも、会社が従業員に持ってほしい質を表しています。忘れるべきでないのは、HOWは願望ではないということ。それは、私たちが誰になりたいかを表すものではないのです。

　HOWは、私たちが最高の状態にあるとき、実際に振る舞う方法や、実際におこなうことを示しているのです。

　HOWと中心的価値のさらなる違いは、価値はそれ自体行動ではないということです。

　「礼儀正しい」は価値です。一方「人びとに優しく敬意をもって接する」はHOWとなります。

　中心的価値をどのように行動で表すべきかすぐにわからないとき、その区別はより重要になってきます。新しい仕事の初日に出勤する新入社員が、食堂で会社の中心的価値のポスターを見る場面を想像してみましょう。「誠実さ」という言葉を見て、彼はきっと「そう

か、なるほど。でも何をしてほしいっていうんだ?」と思うはずです。

ここで、同じ従業員が会社のWHYステートメントを与えられ、HOW「常に真実を語る」を見る場面を想像してみるとどうでしょう。そして、その日マネジャーが「売り上げのためでも、当社の製品について誤った説明をしないこと」と言う。この場合、彼らはおそらく、「よし! これは自分にできる」と思うでしょう。人びとに組織の中心的価値を生きることを期待するなら、実際の行動にそれらの価値がどう表れるかを示す必要があります。つまり、HOWはシンプルで、行動可能でなければならないのです。

組織のリーダーと会うことがありますが、彼らはあらゆる理由で会社の現在の価値に執着しています。長い間それが公認されてきたため、突然変えることが不誠実だと思っているのです。大きな会社に何百万ドルも支払い、価値を見つけ展開するのを助けてもらった末それを変えることが、決断力不足のように感じるのでしょう。

理由は何であれ、もし自分がその状況にある場合は、第4章と5章で紹介されているユニットアプローチのプロセスを忠実におこない、見つかったテーマを使い、すでに会社にある価値に色づけすることをおすすめします。

組織にすでにあるものと、あなたが見つけたテーマがはっきりと交わる箇所がいくつか見つかるでしょう。ものごとが自然にうまくいくような、より深く、より

意味のある繋がりをつくられるよう、彼らを手助けす
ることです。

HOWはWHYを実現させる

1950年代末、コスタリカに住んでいたエンリケ・ウリーベは、アメリカの食料品の買い物に革命をもたらすことになるアイデアを取り入れると決めた。

コスタリカでは、人びとは店に行くとカウンターごしの店員に向け、小麦粉1キロ、調理油1リットル、パン1斤などと、必要なものを伝えるのが習慣であった。アシスタントは大袋から小麦粉を、ドラム缶から油を計量して客に渡す。これはアメリカでも長く利用されたシステムだ。

もちろん今は違う。アメリカで一般的になったセルフサービスのマーケットでは、全商品が棚に並び、客はほしいものを選び、商品をカウンターにもっていく。この新しい買い物の方法は、より多くの選択肢と、より多くの客へのサービスを提供した。エンリケはこれがコスタリカの買い物の未来でもあってほしいと思ったが、伝統に挑む新しいアイデアをもつ誰もがそうであるように、彼は逆風に遭った。

人びとはさまざまな理由でエンリケのビジョンをからかった。万引きが増えると予想した人もいれば、すべての商品をまとめてくれる店員の個人的なサービスのほうが好きだという人もいた。サプライチェーン全体が再考されなければならないと

いう指摘もあった。商品はもう、たるや大袋で届けることはできなかった。別々に包装される必要があったからである。そして店はより多くの在庫を確保しなければならなかった。

1960年、エンリケは兄弟のマルタ、フローリー、ルイスとともに、彼のビジョンである新方式のショッピングを実現するスーパー、マス・ポル・メノスを開店した。それは人気を呼ぶことになった。マス・ポル・メノスが500店舗以上の国内最大の小売チェーンへと成長したとき、市場の形態は完全に変わることになった。

エンリケの息子たち、ロドリゴとカルロスは、父親のイノベーションに対する情熱を引き継いだ。ファミリースーパーのチェーンは売却したが、兄弟は健康、ホスピタリティー、都市開発とエネルギー分野における12個のビジネスの親会社であるクエスタモラスを設立した。
しかし、会社が何年もかけ成長するにつれ、その理事会の議長と副議長を務めるロドリゴとカルロスは、問題があることに気づいた。これほど多くの異なる業界における親会社として、クエスタモラスは、兄弟にとって会社が意味するもの、つまり創業の目的を失いかけていたのである。

これは当初の製品やサービスを拡大した会社に非常によくある話だ。会社は何をしているかに焦点を当てすぎ、なぜ会社を興したのかやどのように

続けるべきかを見失うのである。そして2014年、ウリーベ兄弟は、現在会社がおこなうことと過去のすべてを繋げる金の糸を見つけるため、会社のWHYを言葉で表現することに取り掛かった。

個人のWHYを見つけるプロセスを経て、兄弟はクエスタモラスの組織全体の目的を以下のとおり認識したのである

「絶え間なく革新することで、誰にでもチャンスを提供できるようになる」

彼らは、決断を下しビジネスをおこなうために頼りとなるHOWも見つけ、それらを表現した。
- 新たな領域を切り開く
- 変化を取り入れる
- 謙虚な心で学ぶ
- 正しいことをする
- 協力する

現在会社は、高度の規律をもってHOWを実行することに大きな価値をおいている。彼らのWHATは多様である一方、彼らはすべての新プロジェクトに、クエスタモラス・システムと呼ばれるアプローチで臨んでいる。
第1ステップは、「このプロジェクトをすることで私たちのWHYは実現されるか?」と尋ねることだ。回答が「はい」の場合、会社はプロジェクトが進展する間ずっと、そのHOWを確実に維持する。

1950年代から家族ビジネスは変わり大規模な拡大を遂げたが、エンリケの真の遺産は彼の息子たちを通して生きている。それは、2人が初のマス・ポル・メノスに根付く父親のWHYを再発見し、創業者自身の価値や行動により、そのWHYを強化したからである。

そのWHYとHOWが前面で、中心的なものである限り、ロドリゴとカルロスがどれだけ多くのビジネスに乗り出すかはもはや関係ない。会社のWHATがどれだけ大きく変えられても、彼らは長い間、人々を感動させ続けるだろう。

陥りやすい罠：

自分のHOWを見極める前に、注意しておきたいことがあります。この章で読んだサンプルのHOWは特定の人びとや組織に関連しています。

自分のHOWも同じまたは同様でなければならないと思わないこと。あなたのHOWは、あなたやあなたの組織がWHYを見つけるプロセスにおいて共有したストーリーから生まれるものです。それこそが、HOWを、ただ聞こえよくするために繕われたキャッチフレーズでなく、偽りない本物にするのです。

* * *

次が、あなたのHOWを言葉で表現するプロセスのロードマップです。個人でもユニットでも、手順は同じになります。

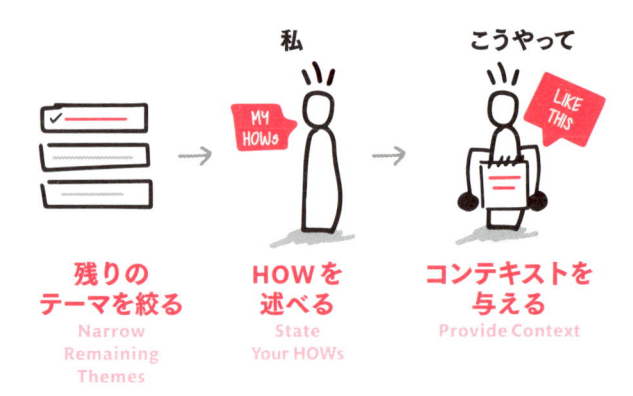

残りの
テーマを絞る
Narrow
Remaining
Themes

HOWを
述べる
State
Your HOWs

コンテキストを
与える
Provide Context

HOWのプロセス

　自分のWHYを見つけるプロセスをおこなった際、あなたが話したストーリーの中に数々のテーマを見つけたでしょう。これらのテーマのうち最もあなたが共鳴した1つ2つは、WHYステートメントに組み込まれました。その他のテーマは、あなたに使われるときがくるまで待つことになったはずです。

　今がそのときです。この章の残りでは、以下に示される3つのステップに従うことで、それらの残りのテーマをどのようにHOWにするかを説明します。

残りのテーマを絞る

　テーマのリストから、WHYステートメントに使用したものを消します。そして残りのテーマが5個以下になるまで絞ります。なぜ6個でなく5個なのか？　科学的根拠はまったくありません。ただ私たちはこのプロ

セスを何度となくおこなってきて、テーマは、はっき
りと異なる最高5つのアイデアに問題なくまとめられ
ることを発見しました。

　4つの場合もあるかもしれませんが、決して5個より
多くなることはないのです。テーマをどのように絞る
かを説明します。

　ユニットアプローチでは能動詞（未知を受け入れる、
守る、繋がる、など）のリストが残り、それらのテー
マにはさらなる作業が必要な場合があるため、個人が
どのようにそのプロセスに取り組むかの例を挙げます。

　WHYステートメントの下書きを終えたとき、この個
人のリストにはテーマが8つ残っていました。

・喜び
・楽観的
・繋がり
・安心感
・常に他者から学んだ
・解決策は必ずある
・愛する人びとを守る
・問題解決

　まず、似たようなアイデアを表すテーマを探します。
それらの重複を見つけたら、2つ選択肢がります。一
方を残してもう一方を消す、または、2つを組み合わ
せ1つの新しいテーマをつくる、です。

　上の例では、「愛する人びとを守る」と「安心感」は
本質的に非常に近いものです。もし一方が他方よりも

しっくりくると感じたら、それを残します。この場合は、2つを使用し「他者に安心感を与えること」という表現が浮かびました。

　もう1つの重複は、「解決策は必ずある」と「問題解決」です。ここでも、一方を残すか、2つを組み合わせます。この場合は、「解決策は必ずある」を残すのがよいと感じました。

　同様に、もう1つのペアは「喜び」と「楽観的」。辞書では異なって定義されるこれらの言葉ですが、判断は辞書でなく、最初にこれらのテーマをひらめかせたストーリーに立ち戻ることでおこないます。この場合、「楽観的」が残りました。

　これが最終的に残った5つです。

・楽観的
・繋がり
・他者に安心感を与えること
・常に他者から学んだ
・解決策は必ずある

残りのテーマを絞る

1. _____

2. _____

3. _____

4. _____

5. _____

HOWを述べる

先ほど説明したように、HOWはWHYを実現させるためにあなたがおこなうことであり、能動詞でなければなりません。「正直さ」といった特徴や性質、または「決意が固い」などの形容詞は行動ではありません。

テーマは行動可能なものになることで、HOWになります。テーマには、すでに動詞や行動の表現になっているものがあるかもしれませんが、それはそのままでかまいません。特徴の表現や形容詞のものについては、以下をおこないましょう。

先程の例のリストから1つテーマを取り上げます。

・楽観的

「楽観的」をHOWに変えるにはいくつかの方法があります。以下はその例です。

・すべてのものにプラスを見いだす
・後ろでなく、前を見る
・すべての暗雲に希望を見つける

ストーリーを探ったあとに「楽観的」というテーマを書き出したとき、「すべてのものにプラスを見いだす」が私たちの意味したものを正確に表現しているという結論になりました。

リストのその他のテーマは似ており、ちょっとした

工夫で行動に変えることができます。

- 繋がり ➔ 人と意味のある方法で繋がる
- 他者に安心感を与えること ➔ 他者に安心感を与える
- 常に他者から学んだ ➔ すべての人から何かを学ぶ
- 解決策は必ずある ➔ 創造的な解決策を探す

　言葉を単純に変化させることで、これらの受動的な言葉や表現が、私たちが日々実践できる行動へと変化します。

　これが、私たちの例で最終的にHOWとしたものです。

- すべてのものにプラスを見いだす
- 人と意味のある方法で繋がる
- 他者に安心感を与える
- すべての人から何かを学ぶ
- 創造的な解決策を探す

　私たちには個人的な好みがあります。「〜でいる、である」は行動という感じがしないため、使うのは好ましくありません。「繋がっている」と「人と意味のある方法で繋がる」、または「ポジティブである」と「すべてのものにプラスを見いだす」からは、それぞれ違った印象を受けます。
　「〜（する）こと」という表現も避けましょう。「他

者に安心感を与えること」よりも「他者に安心感を与える」のほうがより開放的で、明確な指示となります。

　すべてのルールには例外があり、最も大切なのは、しっくりくると感じれば、それは正しいということです。

　自分と共鳴する言葉を必ず使い、その背景にあるストーリーを思い出すこと。これらのHOWを行動に移すよう促すのは、この感情的繋がりなのです。

HOWを決める

1. _____

2. _____

3. _____

4. _____

5. _____

コンテキストを与える

　HOWを言葉で表したら、それぞれにコンテキスト を与え、実際の行動ではどのようなものかを表す短い 説明文を書きます。そうすることで、あなたとHOW との関係は強まります。

　説明文は複雑でなく、シンプルであればあるほどよ いものです。そのほうが、行動に移すのが簡単です。

　以下は、この個人のHOWの説明文です。

- すべてのものにプラスを見いだす——物事がうまく いっていないとき、何がうまくいっているかに目を 向ける。
- 人と意味のある方法で繋がる——関係を個人的なも のにし、相手に、あなたがその人のことを気にかけ ていると伝える。
- 他者に安心感を与える——他者への信頼を広げ、自 分がついていることを伝える。
- すべての人から何かを学ぶ——他者のアイデアやも のの見方を受け入れる。誰からでも学ぶものがある。
- 創造的な解決策を探す——常に解決策があると想定 し、それを見つけるまで諦めない。

　この章の最後に、ユニットのWHYを見つける例を いくつか載せてあります。そこでは、テーマをHOW に変えたプロセスを段階的に説明しています。

短い説明文を加えることで、HOWにコンテキストを与える

1. _____

2. _____

3. _____

4. _____

5. _____

そして最後に、WHATを書き出す

1. _____

2. _____

3. _____

* * *

　おめでとうございます！　WHATの影にあるWHYとHOWを見極めた今、個人またはユニットのゴールデン・サークルは完成しました。

　WHYで始め、あなたのビジョンや価値を他者と共有する際は、WHYを見つけるプロセスからのストーリーを使用すること。それらのストーリーから生まれたエネルギーや感情は、自分の存在意義を忠実に伝えるためのカギとなります。

ユニットでHOWを決める例

　以下は、あるユニットのWHYを見つける過程で生まれた実際のゴールデン・サークルの例です。

当初の能動詞のリスト
- 教育する
- 可能にする
- 方向を示す
- 指導する
- 促す
- 協力する

　これらの言葉や能動詞は、次のテーマで表現されました。

　繋がる、教育する、サポートする、協力する、自信をつけさせる、可能性を刺激する。

　これらのテーマからチームのWHYが生まれました。

　「人を繋げ、活動させることで、彼らが人生で活力を感じられるようになる」

　そして彼らのHOWは、

- 私たちは、教育し啓発します。
- 私たちは、サポートし方向を示します。
- 私たちは協力体制を強化します。

- 私たちは自信をつけさせます。
- 私たちは可能性を広げます。

そして、これらのWHATで全体が完成します。

- 私たちは人びとが情報との関係をつくり上げ、より よい決断をできるようにします。
- 私たちはIT問題に取り組み、自信をもってITを選択 させます。
- 私たちは、会社の提供能力に影響を与える投資判断 を導きます。
- 私たちは、当社だけが包括する幅広いコミュニティ ーを対象としたアプリを開発します。
- 私たちは、中断なく効果的なコミュニケーションを 可能にするシステムを設計し、実行します。
- 私たちは、有意義なビジネスの未来のため、戦略と ITプランニングを統合します。
- 私たちは、私たちを支える通信インフラストラクチ ャーをサポートします。
- 私たちは会社の中と外で、コミュニティーをまとめ ます。
- 私たちは、人びとにITの可能性を知ってもらい、イ ンスピレーションを与えます。

　別のゴールデン・サークルの例を挙げます。これは 10人未満のチームのものです。

当初の能動詞のリスト

- 動機づける

- 安心させる
- サポートする
- 創造する
- 革新する
- インスピレーションを与える

これらは、次のテーマへと解釈されました。

**　安心感を感じ、サポートし、違いを祝福し、聞いて認識し、受け入れ、協力する。**

これらのテーマから生まれたWHYは以下のとおり。

「自分の内面を大切にすることで、自分の境界線に挑戦する勇気を見いだせるようにする」

そしてHOWはこうなりました。

- 私たちは互いをサポートします。
- 私たちは違いを祝福します。
- 私たちは小さなものを認識します。
- 私たちは、受容性を育みます。
- 私たちは才能を集めます。

　面白いことに、このグループのメンバーは彼らのWHYとHOWを発見したあと、WHATについて多くを書く必要を感じませんでした。

- デザイン

- ブランディング
- ソフトウェア開発
- 天文学

立場を明らかにせよ!

Take a Stand

WHYを見つけてHOWを述べることは、旅の始まりでしかありません。難しいのは、その次の部分。それらを行動に移し、命を与えること。そのために必要なのは、WHYを共有することです。

WHYを共有する

自分のWHYがわかっているからといって、それをすぐに心地よく共有することができるわけではありません。私たちの多くが、これまでの人生をずっとWHATでコミュニケーションしてきました。それは、私たちに教え込まれたものであり、模範として私たちに示されてきたものでした。

だからこそ、自分の存在意義を伝えることは、重大な課題だと感じられるかもしれません。そう感じるのは、あなただけではありません。

自転車に乗る練習をしたときのことを覚えていますか？ 始めはぎこちない感じがしたはずです。練習中は、挑戦するごとに違う方法を試します。手足が何をすべきか常に意識しながら、足を別のタイミングで上げ、ブレーキの強さを変え……。何度か転び、また乗り、挑戦する。そしてまたもう一度。

やがて、そんなことを考えることなく道路を駆け抜けていくようになります。WHYで始めることも、同じ要領です。一度コツをつかんだら、自転車に乗るようなものです。

場所は、誰かと一緒に練習できるところが一番。初

めて会う人は、たいてい「ご職業は?」と尋ねてきます。ここが、WHYで始めるチャンスです。このときから、飛行機で隣に座った人との会話からカクテルパーティーのおしゃべりまで、すべてがあなたの自転車練習場となるのです。

　WHYステートメントを一語一語読み上げるというのもいいのですが、ステートメントやストーリーのバリエーションを使うことで、他者にとってより深い意味のあるものにすることができます。

　たとえばサイモンは、あるときは「私は、やる気になれることをするよう人々を鼓舞することで、共に世界を変えます」と語ります。これは彼のWHYステートメントそのものです。あるいは、「私は人を第1に考え、やる気にさせる組織を作るためにリーダーと協力します。十分な数の組織がこれに取り組むことで、世界は変わると信じています」と語ることもあります。

　彼はいつも、会話を始める際に私たちのビジョンを使います。私たちの組織、Start With Whyについて話すときであれば、「私たちは、多くの人々が仕事に行きたいという気持ちで朝起き、職場で安心感を覚え、1日の終わりには自分の仕事に充実感を感じながら家に帰る、そういう世界を思い描いています」と言います。

　WHYステートメントそのままの言葉を使うことは、スタート地点としてはよいのですが、ゴールではありません。ゴールは、**自分が誰であるかと、自分が何を意味するかを共有する**方法を見つけることです。

　これをほんの数回試してみて、期待していた反応が

注意！:
自分のWHYがわかれば、毎日それを生きる選択をすることができます。それを生きるというのは、自分が言ったことと一致した行動を常にとることです。
もし、言うこととやることがあまりにも違っていれば、他者からの信頼を失ってしまうでしょう。
私たちの行動は、他者が私たちに抱く信用や忠誠心を増すか、奪うかのどちらかです。言動が自分の信じるものと一致するとき、私たちは自分のWHYを思い切り生きているのです。あなたは、この生き方を選びますか？

なかったからといって、くじけないように！

　第7章を書くにあたり、私たち2人は、WHYで始めようとしたばかりの頃の恥ずかしい話を共有しました。
　WHYで始めようとして間もないころ、自分のWHYを共有する勇気を奮いおこした結果、相手の頭に疑問符を浮かべてしまうというのは、誰もが通る道です。これは、自転車で転ぶようなもので、必ず起こります。この反応は、次の2つのうちどちらかを意味しています。

　まず、あなた自身、まだ考えがはっきりとしていないという可能性。あなたが意味したかったことと、実際あなたの口から出たことが一致していないのです。自転車に乗り始めた頃のように、行きたい場所と、たどり着く場所が同じではなかったのです。
　あなたは完璧に表現したのだけれど、相手はそれに共感しなかったということもあり得ます。
　そのようなときは、WHYはフィルターであることを思い出しましょう。WHYで始めるとき、あなたと同じものを信じる人びとは引きよせられ、そうでない人は去っていきます。会話を終わらせようとしたり、トピックを変えようとする人は、おそらく、あなたのWHYに共感しない人です。そのことを気にする必要はありません。自分が信じていることを信じない人と雑談することに時間を費やさなくてもいいのです。深く、意味のある会話ができる他の誰かが、どこか別の場所にいるはずです。その人を見つけにいきましょう！

ユニットのWHYを共有する

（🕐3〜4時間）

　組織の中でWHYを共有する最も効率的な方法の1つは、WHYを伝え、やる気を起こすきっかけをつくることです。そうすることで、WHYを自分のものにし、実践していくことができるようになります。

　ユニットの人数が多すぎて全員がWHY発見プロセスに参加できない場合に、WHYを全員で共有する最適な方法は何でしょうか?　組織の創設者であるあなたがWHYを発見し、ユニットとそれを共有したい場合、何から始められるのでしょうか?

　次に紹介するのは、WHYを見つけるプロセスに参加しなかったユニットのメンバーとWHYを共有するために、私たちが使ったアプローチです。このアプローチは、組織が成長したときにも、ユニットのWHYを活かしながら、新しい従業員やパートナーを呼び入れるために使うことができます。

経験を
共有する
Share
the Experience

WHYを
自分のものとする
手助けをする
Help Others Own the WHY

新たな機会を
探す
Explore
New Opportunities

　ここで紹介する3つのシンプルなステップは、50人
の参加者との3〜4時間のワークショップで行われたも
のです。ユニットのWHYを見つけるプロセスのファ
シリテーターは、このワークショップもうまく進めら
れるはずです。

ファシリテーター・セクション

　このワークショップへの参加は、やる気のある人に手を挙げてもらうのがいいでしょう。WHYを見つけるの初期段階にほしいのは、関心があり、参加に意欲があるアーリー・アダプターだからです。サイモンも、前著『**Start with WHY**』にて、イノベーションへのアーリー・アダプターは、積極的に他者にそれを広めていくと述べています。

　「**普及の法則**」について話したのを覚えていますか？可能であれば、WHYを見つける作業に最も意欲的な人々から始めましょう。アーリー・アダプターは、組織中にアイデアを広める手助けをしてくれます。

「普及の法則」の詳細は、『Start with WHY』の第7章を参照。

　このアプローチは、アイデアを広める理想的な方法ではありませんが、トップダウン式の伝達より手短で、費用も安くつきます。

　アーリー・アダプターではないけれど、物事を前に進めるために「参加すべき」あるいは「賛同を得る」必要がある人を参加させざるを得ない状況にある場合も心配は無用です。期待一杯の、組織の新たな節目に協力する意欲をもっている参加者が大多数になるようにすればいいのです。

ステップ1：経験を共有する

（🕐60〜75分）

　ワークショップは、ゴールデン・サークルとWHYのコンセプトを復習することから始めます。これらのアイデアについて聞いたことがある参加者もいるかもしれないし、まったく初めての人もいるでしょう。

　部屋にいる全員が、WHYで始めるということが何なのか、その基本的な意味を理解する必要があります。最も始めやすい方法は、サイモンのTEDトークの動画を見てもらうことです（http://bit.ly/GoldenCircleTalk）。http://bit.ly/FYWresources から、無料のスライドやメモを入手できます。

　ゴールデン・サークルを復習したら、チームメンバーを1人か2人招き、彼らがおこなったWHYを見つけるプロセスについて話をしてもらいます。ただし、あらかじめ、WHYステートメントをいきなり発表しないよう伝えておきましょう。そうではなく、同僚に対し、その経験でどのように感じたかを伝えなくてはいけません。話の大部分は、これらのチームメンバーにおこなってもらいましょう。

　彼らが勢いづくよう（もしくは、勢いが続くよう）な手助けが必要な場合、次のような質問を投げかけてみてください。

- WHYを見つけるセッションで何が起こったかを教えてください。

- あなたが特に共感できた同僚のストーリーはどのようなものでしたか？

- セッションが一番盛り上がったのはどのような場面でしたか？

- グループの反応はどのようなものでしたか?

- 組織や同僚について新しく学んだことは何ですか?

- セッションで話を聞くことにより、ここで働くことについてどのような感情を抱きましたか?

- WHY を見つけるプロセスの何に最も心を動かされましたか?

　話し手が話していると、グループの他のメンバーはその人に質問をしたいと思うはずです。そうなるよう全員に促し、会話をはずませましょう。グループが会話に参加すればするほど、彼らはWHYの価値をより深く理解し、ワークショップへの貢献も大きなものとなります。

　この部分の作業に、時間制限はありません。急ぐ必要はないのです。開始から15分、30分、またはそれ以上して会話が自然に終わった頃、ステップ2に移りましょう。

ステップ2：
WHYを自分のものとする手助けをする

（ 🕐 45〜60分 ）

　ここが最大の見せ場です。WHYを見つけるセッションで下書きした WHYステートメントが、これから共有されます。WHYステートメントの構成を説明することから始めるのが一番よいでしょう。

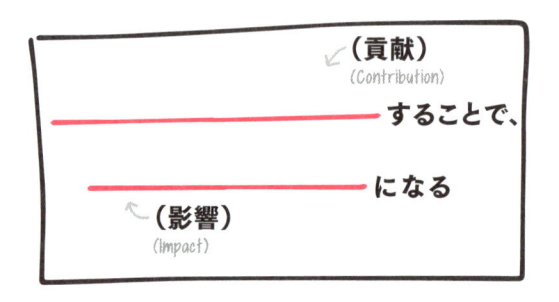

　ユニットのメンバーがこれから見ることになるWHYステートメントは、同僚が共有したストーリーから生まれたテーマを通してつくられたものだと説明されます。

　候補となる言葉や表現を記録したWHYを見つけることからのフリップチャートを提示しましょう。そして、それらを1つのWHYステートメントに凝縮するためにおこなったプロセスについて話しましょう。役立つようであれば、再度、参加者のストーリーを話すのもよいでしょう。ストーリーは、WHYを実現する手助けとなります。

　WHYを見つけるプロセスからのフリップチャートのページや写真があるのなら、それらを共有するのに最適な瞬間は今です。言葉が消されたり、テーマに丸が付けられた書き込みのあるページを見ることで、その場にいなかった人びとも、どのようにしてここに至ったかを知ることができます。

チーム全員が一緒に
成長しなければならない。
さもなくば、
チームは崩壊する。

If every member of a team doesn't grow together
they will grow apart.

WHYステートメントが書かれたフリップチャートのページにたどりついたら、それを口に出して読み、それを理解する時間を設けましょう。

この瞬間には、少し注意が必要です。人びとは、言葉の裏にある意味や感情よりも、言葉そのものにとらわれてしまうからです。ここで少し時間をとり、言葉は完璧でないことを全員に伝えるのです。

「これは、最初または初期バージョンのWHYステートメントである。WHYステートメントに使用される表現は時間と共に少し変わることがあるが、その裏の感情は変わらない」と伝えましょう。この段階では、特定の言葉に対する批判は控え、WHYが実際の行動にどのように表れるかに集中するよう呼びかけます。

WHYの表現が100%完璧でなくても、WHYについての共通の意識、つまり、それが感情をもっていると全員が言えるかを確認しましょう。

このようにしても、WHYに共鳴しない人が一人二人生じる状況を経験したことがあります。そのよくある理由は、次のとおりです：

- 過去、組織が常にそのWHYを生きてきてはいなかった。

- WHYが、組織やチームメンバーが現在の戦略として取り決めたものに一致していない。

- 自分にとってWHYが適切だと感じても、全員がそれに同意するとは思わず、どこかを変える必要があると感じてしまう。

- WHYに共感できないチームメンバーが、会社にふさわしくない人物である。

- 部屋の大多数がWHYの言葉に賛同しないときは、さらに磨きをかける必要がある可能性が高い。

　全員がWHYに一致した意見をもっていなくても大丈夫。あなたの目標は、彼らがそれに心を動かされる環境を提供することです。WHYを言葉で表すのは、世界にポジティブな変化をもたらすために協力し合うためだと忘れないようにしましょう。

　WHYについてと、その源となるテーマやストーリーについて全員がよく理解したところで、グループに分かれて会話を続ける準備が完了します。各グループは3人から8人が理想です。グループは、アイデアが効率的に取り交わされるよう、小さくなくてはなりません。ただし、各チームはこの作業の終わりに部屋全体に向け報告する必要があるので、グループの数を多くしすぎないこと。

　WHYを自分のものとするため、各グループにその助けとなるような個人的な経験を共有してもらいます。次のような質問で始めるとよいでしょう。

- この組織で働くことが大好きな理由についての具体的なストーリーを話してください。

- このチームの一員であることに誇りを感じたときのストーリーを共有してください。

- あなたが今共有したストーリーの何が私たちのWHYをより確かなものにしますか?

- 私たちの組織の誰が最もWHYを体現していますか?

　各グループに専用のフリップチャートを与え、ストーリーに集中し、短い文や表現で、各質問に対する答えを箇条書きしてもらいます。WHYを見つけるセッションと同じように、一番意味のあるストーリーには、具体性と人間味が最も強くでてきます。

　この作業のためには2、30分確保しましょう。たいてい、参加者同士の会話が不足していることでなく、時間の制限により、この作業を切り上げることになります。一旦中止したら、各グループに、話し合ったことについて報告してもらいます。これは、グループにつき5分から7分かかるでしょう。

　自分の個人的経験が、どのようにしてWHYと一致するかに夢中になっているようなら、それは参加者がWHYを自分のものにし始めているということです。彼らと仕事、そして、参加者同士の繋がりが強化されます。この作業により生まれたエネルギーを、ワークショップの最終部分に注いでください。

ステップ3：新たな機会を探す

（⏱45分）

　私たちのWHYは、私たちの過去からやってきます。しかし、その価値や約束は未来にあります。心に訴える明確なWHYは、組織が今までにない新しい方法で前進するためのきっかけを作ります。私たちを未来へと導くためにユニットのWHYを使うことが、ワークショップの最後の部分の焦点です。私たちはこれを「可能性の会話」と呼んでいます。

　この時間は、参加者が、WHYに導かれた組織がどのようにして新しい道へと踏み出していけるかについてのアイデアを出し合うためのものです。これは、大きなことを考え始め、3分もたたないうちに新しいアイデアは実現不可能であると考え始めてしまうような説得させられているような、通常のブレイン・ストーミング以上のものとなります。

　通常のブレイン・ストーミングでは、「資源の制限」がよくある言い訳だが、この他にも思いつく限りの言い訳が出てきます。悲しいことに、アイデアが始まってもいないうちにストップをかけてしまい、行動を起こそうとしなくなってしまうのです。大きなステップを踏み出せるというのに、小さなステップに留めてしまうのです。

　可能性の会話は、その過度に安全な道に陥らないようにしてくれます。それは、私たちに、考え方を変え、自分のやり方から抜け出すチャンスを与えてくれるのです。

　まずは、先ほどと同じグループに参加者を分けます。そして、可能性の会話では、資源の制限は取り払ってしまうことを説明します。どんなアイデアでも、すべてを共有するよう参加者を促しましょう。

　アイデアがどこにどう繋がっていくのかは、まったくわからないものです。私たちは、ばからしいアイデアだと自分自身で前もって宣言していたものが、誰もが実践したくなるようなものに変えてもらう様子を何度も見てきました。

　そう、アイデアは大きければ大きいほどよいのです。どんなアイデアにだって可能性があります。「ばかげた」ものなど存在しません。

　ただし、同時に、可能性の会話は、ただの会話にすぎないことを全員に理解してもらいましょう。よい反応があったからといって、そのアイデアを進めていく責任はありません。提案することでそれを実行する義務が生じることを恐れていると、最も野心的なアイデアを自分の中に秘めてしまうことでしょう。可能性の会話は可能性に満ちているだけに、責任は生じないと伝えることが重要です。

　この作業には、2つだけルールがあります。

・すべてのアイデアはWHYに一致していなければなりません。

・グループメンバーは新しいアイデアを付け足したり、他の人のアイデアを発展させることができます。「ありえない」、「うまくいくはずがない」、「それはできない」はNGワードです。それは、私たちが求めている会話ではありません。

始めるにあたり、グループに次の質問に答えてもらいましょう。

・これが私たちのWHYであると知ったうえで、私たち組織の内部で可能なことは何ですか？（たとえば、どんなシステムやプロセスが修正・導入できるでしょうか？）

　ここでの目的は、チームが「内側」に目を向けることです。私たちは、自分が説くことを実践しなければなりません。つまり、あなたは、あなたが言葉で表現するあなたそのものでなければならない、ということです。

　これは、私たちが本当は誰であるかを、組織内での振る舞いとして表す機会となります。組織内部の人びとは、互いのためにまずWHYを生きなければならないのです。その後、WHYがどのように外部に影響するかに視点を移します。

　多くの組織は、すぐさまクライアントや製品に焦点を当ててしまいます。必ずWHATにたどりつくことを約束しつつ、まずは内部の会話に留まるよう促しましょう。

　10分ほどしたら、新しい質問を投げかけます：

・ この組織のWHYをふまえ、可能なWHATは何ですか?（たとえば、製品やサービス、仕える人びととのコミュニケーションの方法を通して、他に何を提供することができるかを考えます）

　非常によく起こることなのですが、組織は、主として提供するものに満足してしまい、他のどんな製品、サービスやパートナーシップを通してWHYを生きることができるかについて考えることをしません。（アップルがこれをしていたら、誰もiPhones、iPad、iTunesを持っていなかったはずです）。

　この質問は、新しい製品やサービスと限定して聞くことで、現存提供しているものとまったく異なる製品であっても、組織のWHYに100パーセント忠実であり得ると悟らせることを目標としています。

　グループには、フリップチャートに考えを書いてもらいます。そし

て、2、30分後、それを部屋にいる全員に報告するよう伝えます。

　他のグループの発言を聞きながら、参加者はさらなる可能性について考えさせられるかもしれません。これはちょうど、高い塔の階段を上るようなものです。1歩進むごとに視界が広がっていきます。

　可能性の会話の終了時には、WHYの作業を進める責任者になりたい人はいるか尋ねます。ここでの責任は、次のようなものです：

• WHYを生き、他者と共有することで、毎日それを実現させる「WHYチャンピオン」になる。

• チームが見い出した可能性のどれかを選び、行動に移す。

• 第6章で、HOWが推奨されるものとして挙げられていない場合、ボランティアに、WHYを探す中で見つかった他のテーマを検討することで組織のHOWを見つけてもらうことが理想的。

目標は、このワークショップの終わりまでに、発見プロセスに参加しなかったチームメンバーがWHYを所有し始め、エネルギーとインスピレーションを放つことです。参加者は自分たちのストーリーでWHYに命を与え始めています。それについて話せば話すほど、WHYは定着していきます。これが、WHYのパワーを拡大する方法です。

＊＊＊

自分のWHYを生きる

自分のWHYを伝えることは、WHYの実現において、自分が信じることを信じ、信頼できる友達、忠実なクライアントや顧客、忠実な従業員や意欲的なパートナーになる人びとを世界中で見つけるための重要な部分となります。

WHYを見つけることにより、個人は、もっと充実感を覚えることができたり、他にもできることが見つかるかもしれません。

組織のWHYを見つけることも似たような効果をもたらします。組織は違う製品やサービスを提供する必要があるかもしれません。雇用プロセスや、進歩の基準について再考する必要があるかもしれません。従業員の中には、今とは違う役職や部署で、よりよく能力を発揮できる人がいるかもしれません。あるいは、ただ単に彼らが組織に合わないというだけかもしれません。

WHYを発見しHOWを表現すると、どのチームメンバー、戦略、方針、手順、システム、製品、内部と外部のコミュニケーションが、あなたの中心的価値に合ったものかそうでないかがより簡単に見えてきます。

変えたいと望むもののリストがとても長くなるかもしれませんが、それは普通のことです。すぐに極端な変化を起こす必要があるわけではありません。

新しい方向に進む前に、あなたのWHYとHOWを少し定着させましょう。それらが次のステップをどのように形作るかを考えながら、それらと関係を築いていくのです。もし、自分自身や自分の組織について学んだことに基づいて変化が正しいと判断したら、小さなことから始め、自信をもって前進しましょう。

私たちが最も充実感を覚える瞬間は、自分のWHYを生きている瞬間であることを忘れないようにしましょう。実は、今までもずっとそうでした。ただ、言葉にできなかっただけです。

今、あなたは自分のWHYを共有し、目的をもって実行に移すことができます。WHYを書いた紙を引き出しの中にしまったままにしておくと、それはもうただの紙きれです。自分のWHYを生きるとき、あなたと、あなたの周りの人々は皆、成長していきます。

* * *

WHYを生かし続ける

ピーターは最近、サウスウエスト航空でミズーリ州のセントルイスからオハイオ州のコロンバスに渡った。フライトは満員で、頭上の荷物入れはいっぱいだった。

最後の乗客が乗ると、機内持ち込み荷物を貨物室に積み込むために、前方のギャレーに預けるようにという指示があった。

ピーターには、CAが一生懸命各荷物に適切なタグが付いていることを確認しているのが見えた。

この光景は、国内線では珍しいものではない。驚くべきことは、次に起こったことである。キャプテンがフライトデッキのまわりをじっと見つめ、荷積みのためにラベルをつけて搭乗ブリッジへと荷物を運んでいるCAを見ていた。すると、すぐにためらいなく、そのキャプテンは自分の席から出て手伝い始めた。

ピーターは驚いた。近頃の航空会社は、フライトデッキのクルーとキャビンクルーの間にははっきりと一線がひかれている。その境目をすっと越え、乗客の荷物を確実に目的地に着かせようとするサウスウエストチームのメンバーを助ける上級キャプテンがいたのである。

ピーターはバルクヘッドの、ハートが中心にある航空会社の勲章を見上げて微笑んだ。たった今、彼らのWHYを行動に見ることができたからである。

サウスウエスト航空は、顧客を気にかける従業員を重視してビジネスを成長させる会社である。サイモンは『Start with WHY』の中で、WHY から考え、行動し、コミュニケーションをする組織の例としてこの**航空会社**を挙げている。7年後、本書を書いている今でも、サウスウエストの WHY は生き、活気に満ちている。

サウスウエスト航空についての詳細は、『Start with WHY』の第5章を参照。

* * *

　WHY を絶えず生かすには、私たちは毎日、意識的に、目標をもって、それを前面で、中心的に考え、伝え、それを生きることに全力を注ぐ必要があります。そうしないと、WHY は勢いを失い、消え、忘れ去られてしまうでしょう。組織でWHYが勢いを失うとき、**私たちはこれを「乖離」と呼んでいます。**

「乖離」の詳細は、『Start with WHY』の第12章を参照。

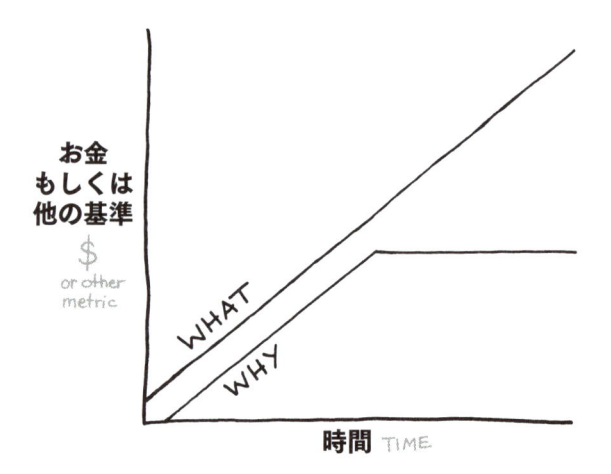

お金
もしくは
他の基準
$
or other
metric

WHAT

WHY

時間 TIME

　すべての組織の発展、成長、成果は2つの軸で測ることができます。1つは時間で、2つ目はたいてい収益などの指標。組織が立ち上げられたとき、たとえそのWHYを言葉で表すことができなくても、会社が何をするかは、なぜそれをするかと密接に関連しています。

　組織が成長するにつれ、WHATとWHYも成長していきます。しかし、時間の経過とともにビジネスが拡大して従業員が増えると、乖離が現実的な脅威となります。

　組織が小さいうちは、創業者は会社のビジョンを直接チームと共有しています。ユニット全体はたいてい同じオフィスで仕事します。従業員は創業者のビジョンに感銘を受け、仕事を楽しみにして出勤します。たとえ給料が少なく労働時間が長くても、彼らは自分のすべてを組織に注ぐのです。このような状況では、WHYは健全さを保っています。

　組織が大きくなるにつれ、状況は変わります。創業者は、自分以外の人に、スタッフを雇い管理する仕事を任せます。最終的には、成長についていくためのマネジメント構造が設置されます。

　そうなると、採用担当として雇われた人は、仕事を分担するために他の誰かを雇います。ここで雇われた人びとは、創業者と組織がやっていることから、どんどん遠ざかってしまいます。新入社員は、直感的で、簡単に測ることができるWHATに集中し始め、まもなくWHYがぼやけていきます。このように、WHYが曖昧になりWHATに焦点が移る状態が乖離です。

　変化ははっきりと口にできないかもしれませんが、組織が乖離を経験すると、誰もがそれを認識できます。ストレス、情熱を失う、生産性・積極性やイノベーション創出機会の低下といった症状が現れるのです。

　人々は、「家族に囲まれている感じがしていたのに。今はただの仕事という感じがする。」などと言い始めます。そうなると、この組織で働きたいというやる気があった従業員に対して、給料の増額、期日通り支給されるボーナス、会社にさらに5年残る人だけが利用できる株の選択権などの工夫をこらさないといけなくなります。

　しかし、お金によるこの種の説得は短期的には効果がありますが、長期的には必ず失敗します。最終的に、従業員は信用と忠誠を失い、成績は悪化し、数値は低下し、レイオフが始まり、組織全体の風土はむしばまれ始めます。

　WHYに基づく素晴らしい風土をもった組織でさえ、組織がやっていることをなぜやるのかという理由を見失えば、乖離に陥ります。しかし、問題を意識することができれば、それを防ぐことができます。

　アルティメット・ソフトウエアは、乖離をどのように回避できるかを示すよい例です。会社は急速な成長を遂げるだけでなく、勢いのある「人材第一」の風土をもっています。彼らは毎年フォーチュン誌の「働きたい会社ベスト100」にランクインします。2017年、会社はそこで第7位、またピープル誌の「従業員、コミュニティ、環境に配慮している企業」の第2位にもな

りました。

2014年初め、彼らは私たちに協力を依頼してきました。乖離を経験していたからでなく、それに対する予防対策をとりたかったからです。常に正しい行動をとるためにリーダーたちが準備体制を整えられるように、リーダーシップトレーニングを計画してほしいということでした。

アルティメット・ソフトウエアのリーダーシップチームは、彼らのWHYがわかっていました。

「人びとを養うことで、人びとが成長し、人びとが常に正しい行いをする力を感じられるようにする」

というものです。彼らはこのWHYを使って組織の風土を作り、そのレンズを通して組織の未来を描いています。

彼らのWHYは、会社の壁紙に書いてある文字というわけではありません。それを生き、それで呼吸しているのです。彼らは、それを守ることに非常に慎重です。

アルティメット・ソフトウエアは、彼らが「何」をおこなうかと、「なぜ」それを行うかを意識的に、持続的に、絶えず一致させることで乖離を回避しています。そして、見事にそれをやり遂げています。

＊＊＊

　あなたが活気ある長い間生きてきたWHYを積極的に守ろうとしていても、ほったらかしにされ無視されてきたWHYを蘇らせようとしていても、役に立つ最もパワフルなツールは、最もシンプルなものです。それは、ストーリーを語ることに他なりません。これは、組織にも個人にも当てはまります。

　ストーリーは、書き言葉が発明されるずっと前から、知識や知性を伝えるための方法でした。ストーリーを話すことは、人間であることを意味します。本当に素晴らしいストーリーというのは、私たちの価値や信条を伝えてくれます。そういったストーリーは、パワフルで、人の心を動かします。

　それらは、私たちのWHYの源であると同時に、WHYを生かし続けるものでもあるのです。それが理由で、WHYを生きることの重要性を理解する会社は、各チームに、自らをストーリーで強化させます。

　この本を通し、WHYを見つけるプロセスにおけるストーリーの重要性について話してきました。あなたのWHYはあなたのストーリーからくるものです。それは、あなたが人生で最も充実感を感じたときや、最高の自分であった瞬間です。自分のWHYの目的をもっと意識して行動することで、心を満たすストーリーが集まるはずです。それらのストーリーはあなたのWHYを深め、あなたが前進を続けるよう促すでしょう。それによりあなたは、他者をも促すのです。

さらなるインスピレーションを

　私たちの仕事において、素晴らしいWHYを見つけることは、私たちにとって最も充実感をもたらす、心を動かすものだと何度か述べました。

　自分のWHYを見つけることもそうですが、他者が自分のWHYを発見する手助けをすることはまた一味違うものです。ぜひ両方を経験してください!

　私たちのチームは、多くの人びとが仕事に行きたくて毎朝目覚め、職場では安心感を覚え、自分のやった仕事に対し充実感を感じながら家に帰る世界を実現するために、全力で取り組んでいます。すべての従業員のデスクにゴールデン・サークルがあり、すべての組織がはっきりと、より崇高な**存在意義**を述べることができるよう、私たちは精一杯働いています。この本は、私たちがWHYを実現する手段の1つにすぎません。自分たちだけではこれを達成することはできません。このムーブメントに参加し、WHYを広めてくれた方々に、感謝を申し上げます。さらなるインスピレーションを!

Appendix

付録

付録1

....

よくある質問

Frequently Asked Questions

　ワークショップを通して、光栄にも、私たちは何千人もの人びとと働くことができ、興味深い質問をいただくことができました。私たちの情熱であるWHYのことであれば、すべての回答はスラスラと出るように思うかもしれません。しかし中には、難解で答えるのに苦労したものもあり、それらについて思考をめぐらせることで、私たち自身のWHYの理解は深まり、広がり、明確なものになりました。

　ワークショップでよく出てきた質問と回答を共有することで、一層役立つものになるはずです。ユニットのWHYを見つけるワークショップの参加者からも、きっと似た質問があるため、特にファシリテーターにはこのセクションを読んでいただきたく思います。

個人向け

家族は、私のWHYとなるか?

　家族は大きな愛と責任を呼び起こし、私たちのほとんどは、配偶者やパートナー、子供を愛し続けたいと強く思っています。しかしWHYは、家だけ、職場だけ、友達といるときだけでなく、どこにいても変わらない私たち自身です。

　このような言葉で話すことは変に思われるかもしれませんが、家族はWHATなのです。あなたのWHYは、家族について話すことではなく、家族について話すときにあなたの中に起こる感情です。WHYを見つけるプロセスにおいてあなたは必ず次のことに気づくでしょう。あなたが家族のメンバーに与える貢献とそれが彼らにもたらす影響は、他者に与える貢献やもたらす影響と同じであると。

　つまり、家族はあなたのWHYではないのです。あなたのベストフレンドがあなたを愛する理由は、配偶者やパートナーがあなたを愛する理由と同じで、よい関係にあるクライアントや親しい同僚も、その理由であなたに大きな好意を抱いているのです。

2つ以上のWHYをもつことはできるか?

　できません。1人につきWHYは1つだけ。WHYは私たちの最高の部分を引き出し、最も満たされた感覚をもたらす誰もに共通する1本の糸です。

サイモンがよく言うように、「あなたが家と職場で違う振る舞いであれば、どちらか一方に対して自分を偽っている」のです。私たちの芯にある人間性は、どこにいるかによって変わるものではありません。要は、自分のWHYに基づいて生きているか、生きていないかです。

もし職場で1つのWHY、家（または他の場所）では別のWHYがある感じがするとき、それぞれの場所で何をしているかに集中しすぎているのかもしれません。かわりに、家と職場に共通する、あなたをやる気にさせ、充実感を与えてくれるものについて考えるとよいでしょう。そうすることで、自分のWHYがはっきりしてきます。

年齢を重ねるにつれ、WHYは変化するか?

私たちのWHYは10代半ばから後半にかけて完成されます。その歳までには十分な経験があり、自らで十分な選択をしてきているため、自分がどのような状況で活き活きとできるか、できないかがわかるはずです。

しかしその歳では、自分のWHYを感じたことはあっても、表現することはできなかったはず。それは、WHYは言語能力のない大脳の辺縁系からくるもので、言葉にすることが困難だからです。

月日が経ち、自分のWHY、そして他者への貢献や影響についてより深く理解するにつれ、それをもっと正確な、意味ある言葉で表現できるでしょう。しかし、言葉の裏にある感情は変わることはありません。使う言葉は変わるでしょうが、WHYは変わらないのです。

　人生のある地点において自分のWHYが根本的に変わったと感じたら、それにはいくつか理由が考えられます。

　最もよくある理由は、以前のWHYについて明確には理解していなかったというもので、それはたいていWHATに集中しすぎていたため起こります。

　もしくは個人的な困難、悲劇、愛する人の死など、人生が変わるような経験をした場合もあります。そのようなできごとは私たちの深い部分に影響することはあっても、私たちの芯にある人間性を変えることはありません。もしこれらのできごとにより、何が大切かについて再び考え、よりポジティブな方法で生きたり考えたりするよう促されたのなら、それはWHYが変わったということではないのです。それは私たちが自分をより深く理解し、WHYとさらに調和した状態で生き始めたことを意味します。

　これは別の見方をすると、困難や喪失は、一時的に私たちのバランスを崩すということ。再びバランスを取り戻せば、WHYの根本は同じであること、そして常にそうであったことがわかるでしょう。

もし私にWHYがなかったら?

　WHYは必ずあります。誰にでもあります。唯一の問は、それを発見するために、あなたが心を開き、感情に脆くなる覚悟があるかどうかです。

　自分自身と他者に正直である限り、あなたはWHYを必ず見つけることになります。すぐに完璧に表現さ

れたり、磨かれたりすることはないかもしれませんが、これまで「あなたにWHYはありません」という悪い知らせを誰かに伝えなければならなかったことは一度もありませんでした。

典型的な正規分布では、アーリー・アダプターが左側に、大多数は中央、そして出遅れた者が右側に位置します。WHYも似たパターンになります。

WHYについて学ぶことに意欲的でやる気がある人びとがいます。彼らはWHYが存在すると信じ、そこに何があるかを発見するために少々のリスクを負う覚悟を持っています。他の人びとは、何が眠っているかを見つけ出すためにリスクを負う準備ができていなかったり、その気がなかったりします。

結局、正直どちらでも構わないという人びともいます。私たちの目標は、そういった準備ができていない人や無関心な人を説得することではありません。目標は、WHYのコンセプトに感銘を受け、自分のそれを見つけたいと心から望んでいる人と協力することなのです。

WHYは悪いものや、有害なものだったりするか?

WHYは、本質的に、ポジティブで生産力のあるものです。それは人びとのためになり、彼らの人生に前向きに貢献します。自分のWHYを破壊的なものにする人びとは、自らの存在意義を、他者を傷つけ、軽蔑し、他者のためにならない結果（WHAT）を通して表現することを選んだ人です。

　数えきれないほどのWHYを見つけてきましたが、悪質な、または中傷的な意味にしかとれないWHYの言葉を持つ人に会ったことはありません。ある人がWHYに基づいておこなう内容により、他者がその人の行動をどのように受けとるかが決まるのです。

WHYが常に他者の役に立つ理由は何か?

　それは幸福と充実感の違いで説明できます。幸福は、新しい靴や最新のスマートフォンを買うなど自分自身のためにすることで、よい気分をもたらすドーパミンが分泌されることで起こります。しかし、その気持ちが過ぎ去ると、次の分泌を得るために何かをしたり買ったりしなければならないでしょう。ショッピングに行くこと（またはジョギング、ワインを飲む、セーリングをするなど）で、つかの間の幸福を感じるかもしれませんが、永久的な充実感を得ることはありません。自分自身のために何かをすることで感じる幸福は現実のものですが、大概ははかないものなのです。

　他者のために何かをして得る充実感は、長続きします。幸福の追求と充実感の追求のバランスがとれていないときに問題は起こります。これはただの哲学でなく、生物学的事実です。サイモンの本『リーダーは最後に食べなさい!』（日本経済新聞出版社）では、これについての詳細が書かれています。

　何年も通して、高い給料と贅沢なライフスタイルで過ごしているにもかかわらず、心から満たされず人生に足りないものがあると感じている多くの人びとに会

ってきました。一方、自分自身のためでなく他者のためになるWHYがある人びとは、非常に深い充実感を感じていました。

自分のWHYを他者のWHYとは違うものにするにはどうすればよいか?

この質問は、私たちが競争していて、自分のWHYがライバルのWHYよりも優れているか、少なくとも異なるものでなければならないという考えからきています。

しかし、競争相手が自分自身だけならどうでしょう。1日前よりも自分のWHYに調和して生き、よりよい自分自身になるために毎日振る舞ったらどうでしょう。

自分のWHYやその発見を導いた過去からのストーリーに本当に繋がっているとき、自分のWHYが他の人のWHYと似ているかなど気になりません。それは自分だけのもので、自分自身にとって深い意味があるから。WHYは、最高の自分が何者であるかを表現するものなのです。

人びとは初めてWHYについて耳にするとき、まるで私たちが「必殺技」について話しているように感じます。しかし、WHYは、競争における優位な点を見つけるためのものではありません。他者が、あなたと似た理由で事業（それが何であれ）に乗りだしても構わないし、驚くこともないのです。

自分のWHYが競争相手のそれと似ていても、振る

舞いや行動（あなたのHOW）を通してあなたがそれを現実にする方法は大きく異なります。つまりあなたは、WHYだけでなく、WHYとHOWのコンビネーションによってユニークな存在になるのです。この組み合わせをあなたをオリジナルにしましょう。

WHYが自分の仕事に一致しなければ、仕事を辞めるべきか?

この質問に一言で答えると……「多分」。もし自分の仕事とWHYが一致しない場合でも、必ずしもすべてを捨てる必要はありません。

自分のいる環境は常にコントロールできるわけではありませんが、自分がどう振る舞うかは変えることができます。あなたの初めのステップは、毎日周りの人びとにポジティブな影響を与えることです。精一杯、自分のWHYを生きることから始めてみるとよいでしょう。そうすることで、ものごとが改善することは十分あり得ます。

それでうまくいかない場合、自分と同じものを信じる人びとに囲まれる環境に身を置きましょう。もし今の場所でそれが可能でなければ、決断が必要になります。自分のWHYにもっと調和した仕事を積極的に探すのもよいですし、今いるところで最善を尽くすのもよいでしょう。

ただ忘れないでほしいのは、何かに向けて行動することは常に、何かから逃げることよりもよいことであ

るということです。

私の上司（または配偶者、パートナー、家族や友人）は WHYを見つけなければならないようだ。 どうすればそれを実現できるのか?

他人を説得するのはあなたではありません。彼ら自身が、WHYを見つけることが自分にふさわしいものだと感じる必要があります。彼らにWHYを見つけたいと思わせる1つの方法は、私たち自身が自分のWHYを生きることです。彼らは、あなたがWHYから充実感を得る姿を見て、自分ももっと知りたいと思うかもしれないですし、逆に思わないかもしれません。

私たちは馬を水場まで連れて行き、桶に首を突っ込ませることさえできますが、それでは馬は溺れるだけです。

自分のWHYを生きたいけれど、 最高の自分になるために必要なものを持っていない

この質問からは、あなたの足りないピースが形あるものか、ないものかがわからないので、両方の回答をします。

最初に、あなたがWHYを生きるのに必要な形あるWHATがあるというのなら、あなたは間違っています。世界にもたらしたい変化を起こすのに、特定の仕事、役職、肩書き、テクノロジーや機械を必要とする人は誰もいません。

　例えばライト兄弟には、彼らよりもっと備えがあり、もっと資金があり、もっと教育を受けているライバルがいましたが、ライト兄弟には情熱がありました。自転車屋で働きながら、世界で初めて飛行機で人を飛ばしたのは彼らのチームなのです。他の人に比べてはるかに少ない資源で取り組み、他の誰も達成できなかったことを達成した人びとの話はいくらでも存在します。これが、WHYで始めたときに起こる現象です。

　しかし、もしかすると、あなたは形のないものについて話しているのかもしれません。それはたとえば感情的なもの、あるいは人との関わりにおいて必要だが、満たされていないものであるとか。
　ときに、周囲の人びとがあなたの必要とするものを知らないせいで、それらが与えられないことがあります。この場合、周りの人びととあなたのWHYを共有し、あなたが必要とするものを彼らに伝えるとよいでしょう。

組織向け

**有名で面白い業界には、
そうでない業界よりも優れたWHYがあるのか?
WHYを見つけるプロセスで彼らが共有する
ストーリーは、より素晴らしいものなのか?**

　医療や慈善事業を専門とするグループにはより多くの「もっと優れた」ストーリーがあると思っている人

がいます。私たちの経験では、それは違います。私た
ちを繋げるのは、誰もが人間であるということで、セ
ッションで取り上げたいストーリーは、人間味溢れる
ストーリーです。

　セッションの参加者が自分のしていることに情熱を
持っていれば、かなり高い確率で素晴らしいストーリ
ーがあるはず。それを助けるのはファシリテーターの
仕事です。ただ、彼らに十分な時間とスペースを与え、
よく耳を傾け、話を掘り下げる手助けをしなければな
りません。

会社の製品が会社のWHYに合わない場合は?

　私たちが信じるものと矛盾した製品やサービスを売
る場合、それは偽りのものとなり、従業員や顧客はい
ずれそれを見抜き、さらに重要なことに、それを感じ
るでしょう。

　一方、WHYと一致しないからといって製品やサービ
スを一新する必要があるかといえば、それがよい選択
というわけでもありません。組織の核となるビジネス
全体がWHYと一致していなかったケースは見たこと
がないからです。まれに、売れていない製品や合わな
いと感じる部署の理由が簡単にわかることがあります。
「それが売れていないのはもっともだ。会社のWHYと
一致していないからだ」とか、「この買収がてこずって
いるのがなぜかわかった。私たちの調和がとれていな
いからだ」という声がするでしょう。

　ときに、合っていない製品の販売を停止したり、合

わない部署をスピンオフすることは正しい手段です。ポイントは、最も大きいポジティブな影響があるところにエネルギーを費やすことです。

WHYは「お金を儲けること」でもよいか?

よくありません。お金儲けをするためだけに存在する会社は、誰もが知っています。しかし、それは彼らのWHYではありません。「お金を儲けること」では、それより大きな目的を何も果たすことはないでしょう。それはただの結果です。そして、結果をWHYとして定義する組織は、たいていあまりよい職場ではありません。

利益第一の会社は、WHY第一の会社より短期間の利益は大きいかもしれませんが、その成功は維持できません。長期的にみて、そのような会社は、目的ある組織が培える種の忠誠心、信頼やイノベーションを得ることができないのです。

たとえばコストコは、人が第一という会社のWHYを守ることで、うまく成功を遂げました。

コストコはそのWHYの明確性を維持してきたため、その大手競合であるウォルマート所有のサムズ・クラブよりもよい職場であり、さらなる利益をあげたのです。

創業者のサム・ウォルトン氏が死去したあと、ウォルマートのWHYは曖昧になり、マネジメントは当初のウォルトンのWHYでなく利益を追求するようにな

WHYが どう利益に繋がるかについては、『Start with WHY』の第12章を参照。

りました。

　これら2社の成功の違いははっきりしています。サムズ・クラブの親会社であるウォルマートに投資していた株主は、ウォルトンが死んだ日に300パーセントの利潤があったはずです。しかし、同じ日にコストコに投資していた株主には、800パーセントの利潤があったのです。

**WHYのコンセプトは、
ビジネスの現実とまったく関係ない。
ちょっとふわふわしていて、
実際の世界からかけ離れていないか?**

WHYの生物学については、『Start with WHY』の第4章を参照。

　もし生物学が「ふわふわしている」と言われたら、あなたは同意しますか？　WHYは生物学的にも説明でき、ビジネスの現実のど真ん中にあるものです。

　私たちの判断は、ときに（常にではないが）論理や理性に基づいた喜怒哀楽に動かされます。ダウ平均株価が落ちると「市場感情」が低下したと判断します。「感情」は、喜怒哀楽以外の何でしょうか？　株式は、そのバイヤーたちが未来に抱く感情に基づいて取引されるのです。

　2015年、車製造者数社が、排気ガステスト結果をごまかしていたことが明らかになりました。

　必然的に、それは人びとのブランドへ長年抱いてきた信用に影響し、企業の売上と市場価値は転落しました。

　一方、それほど論理的ではありませんが、テスラ社

の電気自動車のモデル3に50万件以上の注文が殺到しました。生産が開始されてもおらず、注文した人びとはテスラ車に座ったことも、まして運転したこともないというのにです。

**私たちの会社は大きく、
複数の国に多くの部署や生産ラインがある。
運営職やサポート職には異なるWHYがあるのか?**

　1つの組織にあるのは、1つのWHYだけです。もし組織内でとり残されていると感じる人がいれば、WHYステートメントにまだ修正が必要かもしれません。言葉が適切でなかったり、言葉にまだWHATが含まれるため、一部の従業員が共感できないでいるかもしれません。その場合は思考をこらし、WHYステートメントにちょっと手を加えてみるときかもしれません。

　もしくは、会社がブランチWHYを作り上げるときかもしれません（97ページ）。WHYの中のWHYを模索することで、組織内のサブグループがWHYにもっと力強く共鳴できるように磨きをかける機会が与えられます。

顧客に合わせてWHYを変えられるか?

　ピーターが司会を務めていたワークショップの最中、「必要なのは、全顧客のWHYを理解して、会社のWHYをそれに合わせることだ」という声がありました。このような発言に対し、ピーターは「No」と答えました

「操作 vs 鼓舞」の詳細については、『Start with WHY』の第5章を参照。

が、あなたもそうすべきです。

WHYをパワフルにするものは、誠実さです。顧客が求めているだろうと感じるものに合わせてWHYをでっちあげようとすると、従業員も顧客もそれを感じ取ります。これはごまかしです。取引をおこなう人びとや同僚たちは、繋がりを感じなくなるでしょう。信用や忠誠は消え失せます。

これが起こると、会社はたいてい、顧客や従業員に留まるよう説得しようと、あらゆる割引特典や操作（小細工）に訴えます。これは短期間の効果を発揮するかもしれませんが、長期的に成功する確率はゼロです。

これは、WHYに基づいた組織がマーケティングを効果的に使えないということではありません。もちろんそれは可能です。事実、マーケティングの根本にWHYがあると、たいへんうまくいくものです。組織のブランディングは、単にWHYが外へ向けられた表現であり、企業風土の証となるのです。

* * *

付録 2

パートナーへのアドバイス
個人のWHYを見つける場合

Partner Tips for Individual WHY Discovery

友人や同僚の個人のWHYを見つけるとき、パートナーとして協力すると決めた人は全員、この本の第3章にあるプロセスについての指示を読んでいただきたい。またこの付録も、カンニングペーパーとして使用できます。ここに、効率的なパートナーになるためのアドバイスや質問をざっとまとめて紹介します。

・ **パートナーの役割：**
アクティブ・リスナーであることと、メモをとること。相手がストーリーを話すとき、繰り返されるアイデア、言葉、表現やテーマを書き出す。これは最終的に、相手が自然に最高の状態になることへ繋がるのです。

- **パートナーの役割でないもの：**

セラピスト、メンター、助言者。決して問題解決者ではないと自覚すること。

- **どうやってアクティブ・リスナーになるか：**

アイコンタクトをする、相手が言ったことを受け止めたことを言語的または非言語的に知らせる、何が起こったかやどう感じたかについてもっと話すよう促す。表情、ボディーランゲージ、長い沈黙、声の調子や感情の変化（興奮する、声に詰まる）を特に観察する。可能であればこれらを書き出す。

- **よい質問をするための3つの方法：**

  決まった回答のない質問をする（例えば、「はい」や「いいえ」で答えられないもの）

  自由に答えられる質問では、話し手があなたを導くことができる。

  「なぜ」を尋ねる質問を避ける

  「何」質問のほうが、答えやすい。「そのストーリーであなたにとって本当に重要な部分は何ですか?」と尋ねましょう。

  静かに座る

  もし相手があなたの質問の回答に困っていても、別の質問をしたり回答を提案することで沈黙を埋めないように。ただ待つのである。感情は言葉で表すのが難しく、話し手は適切な言葉を見つけるのに少々時間が必要なのかもしれません。

- **良い面を見いだす：**

  耳にするストーリーは悲しいものであったり、悲惨なものでさえあるかもしれません。それでも、それは相手が誰であるかと、その人のWHYが何かについてのヒントとなり得る。部外者としての視点を使い、話し手に見えない教訓を見つけましょう。

- **各ストーリーでの話し手の「貢献」と「影響」に焦点を当てる：**

  耳にするすべてのストーリーで、相手が他者に与えていたことや、彼らに与えた影響に注意すること。もし話し手から自発的に情報を与えられなければ、それを引き出す質問をする。

- **感情に焦点を当てる：**

  ストーリーにおいて、何が起こったかより、起こったことに対して話し手がどのように感じたかのほうが大切。

- **掘り下げて、感情を浮き彫りにする質問をする：**

  次のような質問は効果的：

  - それが起こったとき、どのように感じましたか？
  - このストーリーには他に誰がいて、彼らはあなたにどのような変化をもたらしましたか？
  - この経験でとても気に入っていることは何ですか？
  - おそらく以前も同じ気持ちになったことがあると思います。この特定のストーリーが特別な理由は何ですか？

- この経験はあなたと、現在のあなたという人物にどのような影響を与えましたか?
- その経験からあなたが学んだ、今日まで生かされている教訓は何ですか?
- 「本当に気持ちがいっぱいになった」(もしくは話し手の他の発言)とはどういう意味か教えてください。
- そのできごとに失望した(もしくは悲しくなった、疑問を抱いた)と言いましたが、以前もそのような気持ちになったことがあると思います。この気持ちが何年経ってもまだ蘇ってくるほど、どのように特別だったのかを説明してください。
- 私に話すことができたはずのすべてのストーリーの中で、なぜこのストーリーが特別で、WHYを見つけるための一部として話そうと思いましたか?

メモの例

事実	意味
• 2010年、チームをアスペンのオフサイトへと促した	• 団結
• 7年以上、チームのほとんどの雇用を担当	• 全員がひとつになった
• 彼女は全員をよく知っていたが、CEOがいて、チームの多くは（離れている）彼にまだ会ったことがなかった	• 全員が安全な場所にいるという感じをもてたことは、彼女にとって大きなことだった
• 行き先が不確かだった—不安	• チーム／家族という感じ
• 全員をひとつにする経験にしたかった	• 喜び（全員が自分らしくあった）
	• チームに対する大きな責任を感じた
	• 関係が自然に構築されるのを見るのが好きだった
	• 一人ひとりを心から気にかけていたので、彼女にとって大切だった

付録3

....

ファシリテーターへのアドバイス
組織のWHYを見つける場合

Facilitator Tips for Tribe WHY Discovery

組織、会社、チームのためのWHYを見つけるファ
シリテーターを務めることになった人は全員、この本
の第4章と第5章にあるプロセスについての指示を読ん
でください。そして、この付録はカンニングペーパー
として必要となるでしょう。ファシリテーターを効率
よく務めるために、最も役立つアドバイスや質問をざ
っとまとめてみました。

・ **秘密厳守：**
ワークショップであなたが促すことになる会話は、
それをおこなう準備ができるまで、その詳細を共有
しないように。何を話し合うかについて前もって知
っていると、参加者は考えすぎてしまいます。

・「話したがり」にはきっぱりとした態度をとる：

組織もWHYを見つけるためには、全員が小さなグ
ループで自分のストーリーを共有することは不可欠。
やりとりを注意して観察すること。もし支配的にな
っている個人（たいてい上級幹部だ）がいれば、介
入し、まだ話していない個人にストーリーを話すよ
う穏やかに促すこと。

・参加者がストーリーを話す途中で感情を表したら、掘り下げる：

その人物に、その気持ちについてさらに話してもら
ったり、このストーリーの何がそのような激しい反
応をもたらしたのかを聞きだす。率直な質問がよい。
「その顧客の電話の何が、何年も経った後あなたの記
憶を蘇らせましたか?」と尋ねる。

・「なぜ」を尋ねる質問を避ける：

反直感的なようだが、「何」や「どのように」を問う
質問のほうが回答しやすい。

・進行を妨げる討論から参加者を退ける：

例えば、「『喜び』は本当に最適な言葉ですか?『幸
福』というべきだと思います」といったもの。その
ような落とし穴には落ちないように。このような状
況では、辞書の定義よりも、ストーリーが呼び起こ
す全体的な感情のほうが大切であることをグループ
に伝えましょう。

- **何のビジネスをおこなうかより、どのようにビジネスをおこなうかに向かわせる：**
  ときにグループのメンバーは、自分たちの競合もまったく同じことをしていると言います。もしそのような発言があれば、彼らをストーリーに引き戻すこと。彼らと競合との違いは、WHATでなくHOW。

- **十分な時間を確保する：**
  組織のWHYを見つけるには最低4時間必要。主催者がより短い時間でと依頼してきても、はね返すこと。4時間丸々確保することが不可欠。

- **適切なセッティングをする：**
  セッションがおこなわれる場所は、次の条件を満たさなければなりません。
  - 参加者が少人数のグループに分かれられるスペースがある
  - 軽食とドリンクを提供するテーブルがある
  - 邪魔がなく静か
  - テーブルを壁に寄せ、椅子をU字型に並べて事前にセットアップされている
  - 各サブグループのためのフリップチャートとイーゼル、そして自分用に、フリップチャートが掛かった3台のイーゼルがある

組織のWHYを見つけるワークショップ

1 コンテキストを設定する
（🕐 45 〜 60分）
127〜132ページ

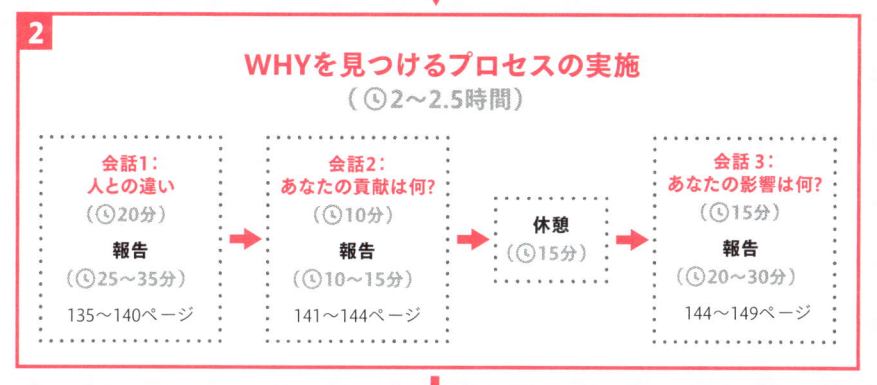

2 WHYを見つけるプロセスの実施
（🕐 2〜2.5時間）

会話1：
人との違い
（🕐20分）
報告
（🕐25〜35分）
135〜140ページ

会話2：
あなたの貢献は何？
（🕐10分）
報告
（🕐10〜15分）
141〜144ページ

休憩
（🕐15分）

会話3：
あなたの影響は何？
（🕐15分）
報告
（🕐20〜30分）
144〜149ページ

3 WHYの言葉を下書きする
（🕐 35 〜 40分）

WHYステートメント
の書き方
（🕐5分）
152〜153ページ

WHYステートメント
の候補をつくる
（🕐25分）
報告
（🕐5〜10分）
155〜158ページ

4 セッションを締めくくる
（🕐 10 〜 15分）
158〜160ページ

謝辞

　実のところ、この本は、謝辞部分までたどり着くことはないだろうと思っていました。2013年、ピーターがまとめていた実践ガイドとしてこの本は始まりました。デイビッドは、そのアイデアがとても気に入り、私たちはともにこの方法を発展させようと取り組みました。いつか将来のどこかで私たちは立ち止まり、突然1冊の本格的な本を書き始めたその足どりを振り返り、思い巡らすでしょう。この本を書くことは、信じられないほど難しいことでしたが、同時に、予想もしない曲りくねった道がいっぱいの、心躍らされる冒険でもありました。

　この本で紹介した手法を磨くために、私たちがおこなってきた何百ものワークショップに参加した組織や個人をすべて書き出すことは不可能です。表面上、彼らに共通点はありません。異なる業界からの、異なる規模や異なるビジネスモデルを持っていました。しかし彼らは、私たちにとっては、1つの枠におさめられるものです。彼らは皆、アーリー・アダプターだったのです。彼らは、私たちがこのプロセスを考え出すずっと前から、立ち上がり、ムーブメントに加わる意欲をもっていました。アーリー・アダプターの皆さん、あなた方がいなければ、これらのページを埋めてくれるものはありませんでした。

ラ・マルゾッコ、クエスタモラス、アルティメット・ソフトウエア、スタジオ・オウクワード、サウスウエスト航空をはじめとする、WHYを見つけるプロセスを実現するために心を動かす例やストーリーを提供してくれたすべての組織に、特別な感謝を申し上げます。また、鉄商人のスティーブ、エミリー、トッドをはじめとする、飛行機の中、バーやその他のあらゆる場所で話をし、自分のストーリーを分かち合いたいという意欲で私たちを感動させてくれた個人の方々にも、お礼申し上げます。

英国のピーター、ユタ州のデイビッド、ニューヨークのサイモンがこの本を実現させるには、膨大な努力が必要でした。3人とも、自宅ではなく旅先で話をしていたことは言うまでもありません。すでに1年の多くを家から離れて過ごしていたのに、執筆、そして再執筆のために繰り返し家を離れなければならなかったとき、大きな忍耐、寛容さ、愛とサポートを示してくれた私たちそれぞれの家族に、心から感謝しています。

オーケストラの楽器のように、言葉は巧みに組み合わされない限り、何も意味を成しません。そのために、（調和しない部分を削除するようアドバイスしてくれた）ペンギン・ランダムハウス・チームのスキルに感謝します。

その他にも、名前を挙げたい人びとが数人います。我々を集中させ、必要とするフィードバックをためらわず提供してくれた、素晴らしく正直な編集者のジェ

ーン・ハラム。3つの意見を1つにまとめ、自然としか言いようのない言葉で表現してくれたジュディ・コイン。創造的なデザインとレイアウトのアイデアをくれたファラ・アシールとエラノール・トンプソン。あなた方のアドバイスがなければ、この本は読み進めるのがはるかに難しいものになっていました。サイモンのスケジュールと我々全員のロジスティックを調整し、同じ部屋に集まる（コンピューターを通して、または対面）ことを可能にしてくれたモニーク・ヘルストロムとモリー・ストロングに、特別な感謝を申し上げます。

私たちのアイデアや思考は多様な Start With Why チーム、親しい友人や同僚からのフィードバックやアドバイスにより形作られています。本に書いたことを、時間とエネルギーを使ってテストしてくれたすべての方々に特別な感謝を申し上げます。

最後に、我々全員より、親愛なる友人キム・ハリソンに、特別な感謝の意を表します。キムは日々、チーム全体を導いています。彼女の並はずれたビジョンと洞察、パワフルなやり方で人びとをまとめる能力、そして彼女の Start With Why ムーブメントへの揺るぎない献身なしに実現できたものは何もありません。常に影で前面にいる人びとを支えてくれた彼女は、素晴らしい人間であり、誰もが彼女のことを心から愛しています。

訳者あとがき

　この本は、サイモン・シネックと彼の信頼できるチームメイトである、デイビッド・ミードとピーター・ドッカーによる共著となります。サイモン・シネック本人の強い希望により、原著のデザインをそのままに、横書きで内部のデザインもそっくりにお届けできましたこと、大変嬉しく思います。

　サイモン・シネックのTEDトークの動画を初めてみたときの衝撃は忘れられません。靄が消え去り、人生の方向性が一気に見出せた気がしたものです。言語化の重要性、言葉の力を、恐ろしいほどに感じた瞬間でした。そのサイモンの「WHYを見つける手順書」を日本の皆様にお届けできたことは深い喜びです。感謝いたします。

　著者が念押しするように、WHYとは決して目指すべき理想像ではありません。組織のWHYも同様に、経営理念として壁に掲げた標語でもありません。WHYは、その人、そのチームが、本来あるべき姿として立ち現れたものです。今この瞬間も、些細な決断も、すべてこのWHYがフィルターとなります。あくまでも行動指針となるべきものであり、目標ではありません。

　このことを是非とも認識いただければと願います。日々、企業の戦略設定のお手伝いをさせていただいている中で、目標設定に重点が置かれ、行動指針が曖昧になる現場を数々拝見してきております。トップダウンではない現場力を底上げするには、日々の決定事項の

幹にある判断基準が明確でなければなりません。生産性にもイノベーションにも人材採用にも直結します。管理型ではない働き方改革においても、これほど重要な条件はありません。ビジネスプランも戦略も、すべてはここから始まります。現場が「何を以って」判断すればよいのかを示すのが、たった一文で表現されたWHYです。是非ともこの本に従って、WHYを見つけていただければと思います。

　最後になりましたが、この本の邦訳出版に向けて多くの方々のお世話になりました。特に作家の木暮太一先生には大変ご尽力いただきました。ここに改めて御礼申し上げます。ディスカヴァー・トゥエンティワン干場弓子社長様、藤田浩芳様、千葉正幸様、渡辺基志様には、困難な交渉を粘り強くあたっていただき出版化が叶いました。本当に感謝申し上げます。翻訳にあたって力になってくれた椛島直子さんにも心から御礼申し上げます。

　そして何よりも読者の皆様、この本を最後まで読んでくださいまして、本当にありがとうございます。先の見えにくい時代だからこそ必須なWHYを、是非とも皆様の周りでも広めていただければ幸いです。各地の書店様や大学での読書会など地道に交流の輪を広めていきます。是非とも輪に加わってください。一緒に世界を変えていきましょう。

2019年元旦　　島藤　真澄

FIND YOUR WHY

あなたとチームを強くするシンプルな方法

発行日　2019年　1月30日　第1刷

Author	サイモン・シネック　デイビット・ミード　ピーター・ドッカー
Translator	島藤真澄
Book Designer	新井大輔　中島里夏（装幀新井）
Publication	株式会社ディスカヴァー・トゥエンティワン 〒102-0093　東京都千代田区平河町2-16-1　平河町森タワー11F TEL 03-3237-8321（代表）　FAX 03-3237-8323 http://www.d21.co.jp
Publisher	干場弓子
Editor	千葉正幸　堀部直人　渡辺基志

Marketing Group

Staff	小田孝文	井筒浩	千葉潤子	飯田智樹	佐藤昌幸	谷口奈緒美
	古矢薫	蛯原昇	安永智洋	鍋田匠伴	榊原僚	佐竹祐哉
	廣内悠理	梅本翔太	田中姫菜	橋本莉奈	川島理	庄司知世
	谷中卓	小木曽礼丈	越野志絵良	佐々木玲奈	高橋雛乃	

Productive Group

Staff	藤田浩芳	原典宏	林秀樹	三谷祐一	大山聡子
	大竹朝子	林拓馬	塔下太朗	松石悠	木下智尋

Digital Group

Staff	清水達也	松原史与志	中澤泰宏	西川なつか		
	伊東佑真	牧野類	倉田華	伊藤光太郎	高良彰子	佐藤淳基

Global & Public Relations Group

Staff	郭迪	田中亜紀	杉田彰子	奥田千晶	連苑如	施華琴

Operations & Accounting Group

Staff	山中麻吏	小関勝則	小田木もも	池田望	福永友紀	
Assistant Staff	俵敬子	町田加奈子	丸山香織	井澤徳子	藤井多穂子	藤井かおり
	葛目美枝子	伊藤香	鈴木洋子	石橋佐知子	伊藤由美	畑野衣見
	井上竜之介	斎藤悠人	宮崎陽子	並木楓	三角真穂	

Proofreader	株式会社鷗来堂
DTP	株式会社RUHIA
Printing	中央精版印刷株式会社

ISBN978-4-7993-2417-2　©Discover 21, inc., 2019, Printed in Japan.